システム×デザイン思考で世界を変える

慶應SDM「イノベーションのつくり方」

［編著］
前野隆司
慶應義塾大学大学院
システムデザイン・マネジメント研究科教授

自我作古 Inno

vation

自我作古——前人未踏の新しい分野に挑戦し、たとえ困難や試練が待ち受けていても
それに耐えて開拓にあたるという、勇気と使命感を意味する。
「我より古を作す」と訓み、中国の『宋史』に見られる。
福澤諭吉が杉田玄白らによるオランダ医学書の翻訳事業を讃える意味で
『慶應義塾之記』のなかに記した。
現代のイノベーションに通ずる言葉でもある。

Part 1 イノベーションとは何か？

- 008 ｜ システム思考×デザイン思考＝イノベーション！
- 012 ｜ 1 イノベーションが必要な背景
- 014 ｜ 2 イノベーションを起こすには
- 020 ｜ 3 システム思考とデザイン思考
- 026 ｜ 4 多様な人たちがいっしょに考えることの重要性
- 034 ｜ 5 システム×デザイン思考の最前線
  　　　　──慶應SDMの挑戦

Part 2 システム×デザイン思考の技法と活用事例

- 040 ｜ SDMのツールボックス
  　　　　──協創（Co-Creation）のための16の技法
  - 042　1　ブレインストーミング
  - 044　2　親和図法
  - 046　3　シナリオグラフ
  - 048　4　2軸図
  - 050　5　構造シフト発想法
  - 052　6　フィールドワーク
  - 054　7　バリューグラフ
  - 056　8　イネーブラー・フレームワーク
  - 058　9　因果関係ループ図
  - 060　10　CVCA（顧客価値連鎖分析）
  - 062　11　WCA（欲求連鎖分析）
  - 064　12　ピュー・コンセプト・セレクション
  - 066　13　プロトタイピング
  - 068　14　手書きの図
  - 070　15　ストーリーテリング
  - 072　16　即興

074 | イノベーション・プロセスの現場
　　　──デザインプロジェクトと企業での活用事例
　076 UR都市機構・日建設計総合研究所
　　　──巨大再開発エリアの魅力を探せ！
　080 東芝
　　　──「普通の人」にも美と健康を
　084 大手町イノベーション・ハブ（iHub）
　　　──イノベーションを促す「場」をつくる
　088 ハマノパッケージ
　　　──製品の「最終消費者」は誰？
　092 三菱重工グループ
　　　──都市の水インフラを一変させる新規事業の開拓
　094 システム×デザイン思考を体現する起業家・新規事業者たち

Part 3

「武器」としてのシステム×デザイン思考活用術

096 | 1 ビジネスパーソンにとっての
　　　システム×デザイン思考
106 | 2 今日から始めるシステム×デザイン思考
　　　111 無意味なルールや習慣──石の猫
112 | 3 チームでイノベーティブに発想するための
　　　システム×デザイン思考活用術
　　　116 「楽しそうな場所」をつくることの重要性
　　　　　──ストーンスープの話

127 | # システム×デザイン思考をめぐる33のQ&A

140 | あとがき──ともに未来を創るために

1 イノベーションとは何か？

　現在は明治維新に匹敵する激変期だと言われます。従来の産業構造を転換し、諸分野の者が力を合わせて問題解決すべき時代。時代が直面する大規模で複雑な諸問題を解決するには、物事を大きく全体としてシステミックにとらえ、システマティックに分析し、創造的にデザイン・マネジメントしていく新しいアプローチが必要です。部分最適ではなく、全体として整合性のとれた、イノベーティブで実現可能な問題解決方法が求められています。そのコアとなるのが、物事をシステムとしてとらえる「システム思考」と、チームでの協創やオブザベーション、プロトタイピングを重視する「デザイン思考」とを融合させる新しい学問—システムデザイン・マネジメント（SDM）学なのです。

システム思考×
デザイン思考＝
イノベーション！

イノベーションの重要性が随所で叫ばれています。しかし、そもそも、イノベーションとは何か、正しくとらえられているでしょうか。正確な認識なしに、日本や世界が抱える課題を解決するイノベーションを引き起こす製品やサービスを生み出すことは困難です。そこで、本書では、まず、イノベーションとは何かを確認することから始めましょう。

イノベーションという言葉は、ラテン語のnovus（＝new）に由来します。novusは、英語の「nova」（新星爆発）の語源でもあります。つまり、イノベーションとは、本来、新星爆発が起きるくらいに革新的であるという意味です。

イノベーションには、nova＝新星爆発という言葉につながる破壊的なイノベーションに加えて、持続的なイノベーションがあると言われています。しかし、イノベーションとは本来、破壊的なほどに世界を変えるという意味なのです。

かつて、日本では、イノベーションが「技術革新」と訳されていました。しかも、技術革新どころか、小さな改善すらイノベーションと呼ぶ風潮が、日本では散見されます。

抜本的な変化を引き起こす場合だけを、イノベーションと呼ぶべきではないでしょうか。ただし、何が抜本的な変化であるかについては、幅広くとらえるべきでしょう。新星が爆発するような変化もあれば、温水洗浄便座（TOTOの「ウォシュレット」など）の登場が引き起こしたトイレの価値の変化もあります。

イノベーションを起こせるアイディアの必須条件は?

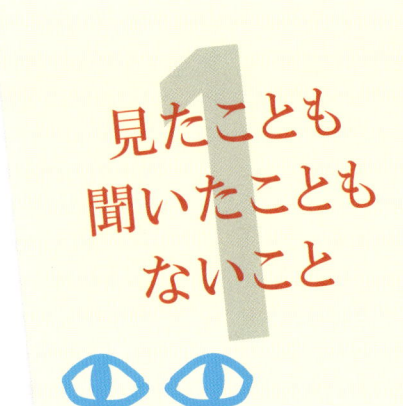

1 見たことも聞いたこともないこと

　私たちは、イノベーションと呼ぶに値する変化は、3つの条件を満たしていると考えています。1つ目は、見たことも聞いたこともないこと、2つ目は、実現が可能なこと、3つ目は、物議を醸すことです。これらは、米国に本拠を置くデザインコンサルタント会社Zibaの戦略ディレクターを務めている濱口秀司氏が最初に掲げた条件です。

　「見たことも聞いたこともないこと」といっても、実現してみると、実は消費者が欲しかったものであったという点が重要です。1つの例に、濱口氏が発明した「USBメモリー」があります。もともとUSBは、パソコンに周辺機器を接続するための端子の技術です。USBという端子自体をメモリーとして使ってしまおうなどとは、誰も考えてはいませんでした。しかし、実現してみると便利かつシンプルで、まさにコロンブスの卵でした。

　2つ目の「実現が可能なこと」とは、ドラえもんでなければ叶えられないような製品・サービスではなく、いまある技術（あるいは今後開発できる見込みのある技術）で実現できることを指します。

　3つ目の「物議を醸すこと」。これが、とても重要です。物議を醸す理由は、突拍子もないアイディア

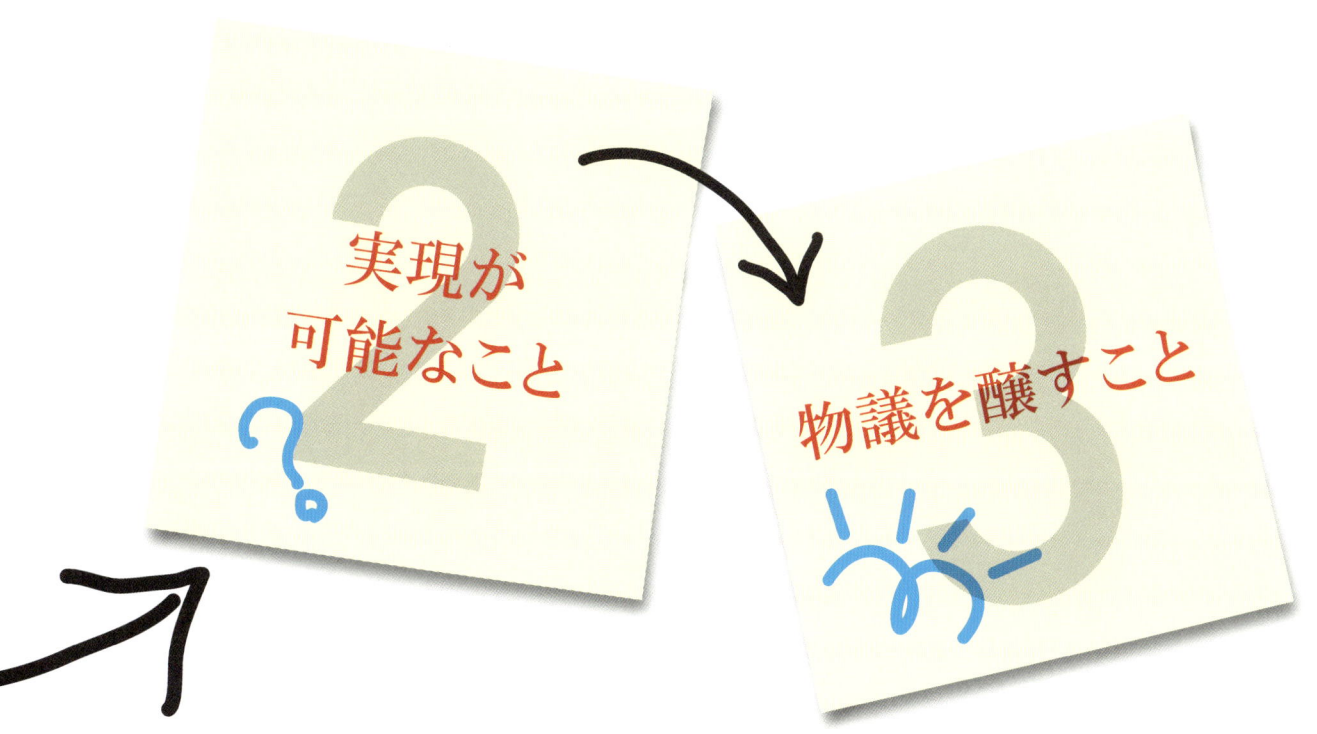

だったり、常識的には何か問題を含んでいるように見えるアイディアだからです。多くの人から、実現困難という評価を受けがちなアイディアです。

物議を醸すことが、イノベーションの条件に含まれる理由の1つは、人は基本的に保守的であり、直感的に大きな変化を受け入れがたいと感じる傾向があるため、斬新なアイディアには抵抗を感じる人が多いからです。また、大多数の人が賛同するようなアイディアは、他者も思いつく可能性が高いことも理由の1つです。

もし、物議を醸すようなアイディアが登場した場合には、多数決で採否を決めてしまわずに、物議を醸した時点で、そこにイノベーションの可能性があると判断することが大切です。多数決は、とがったアイディアを丸くしてしまいます。あるいは、議論から外してしまいます。

慶應義塾大学大学院システムデザイン・マネジメント研究科（慶應SDM）の授業では、学生たちに対して、多数決に頼らず、賛否両論になりやすかったアイディアをとことん生かしていくことを強く推奨しています。そこにイノベーションの1つの鍵が潜んでいるからです。

1 What is innovation? イノベーションが必要な背景

いま、閉塞感にあえぐ企業が直面している課題

- 自社技術を生かすキラーアプリが見つからない
- 同業他社と似たようなアイディアにとどまりがち
- 利益を出すビジネスモデル提案まで高めにくい
- ステークホルダー間の価値協創につながらない
- 強力なリーダーシップの発揮が困難

　革新的イノベーションとは、ゼロからの発想で、これまで市場になかったような新しい製品やサービスを生み出すことです。
　ところが、残念ながら、一般に現代の日本企業の多くは革新的イノベーションを起こすことが苦手だと言われます。日本の企業人から、「日本社会の今後に閉塞感を感じている」「欧米やアジアとの競争に勝てない」といった深刻な悩みを聞くケースが増えてきています。
　ここでいう日本の企業の多くは、技術力や品質に自信を持っています。自社の中に技術力やサービス力があるにもかかわらず、社会で必要とされている製品やサービスに昇華しきれず、イノベーティブな製品やサービスにつなげられないのです。
　いわゆる大企業病もこの一種です。日本の大企業がイノベーションを生み出せない理由の1つは、企業の組織形態や仕事のやり方が制度疲労に陥っているために、現在のグローバルネットワーク社会、集合知によるオープン・イノベーション（業種の枠を超えて協創し、イノベーションを起こすこと）の時代に対応できていないからだと考えられます。何か新しいアイディアを生み出しても、「期待される売上高が小さすぎる」「自社の業態からはみ出す」などの理由でつぶされてしまう、といった悩みをよく聞きます。
　日本企業は、こうした状況に対処するためにこれまでに培ってきた製品や技術を改良することで、事態の打開を求める傾向があります。「枠内思考」です。自分たちが定めた枠の中に答えがある場合にはそれでもいいでしょう。しかし、多くの場合、制度疲労に陥った組織や開発手法では、自らにはめた枠の中にはそもそも答えがない場合が少なくありません。イノベーションは枠の外にあります。組織の伝統という枠や、自社の強みに対する伝統的な解釈という枠、常識という枠を取り払ったところに、無限の答えがあるのです。
　そこにこそ、多くの企業が求め、社会の側も必要としている、革新的イノベーションがあります。

イノベーションを起こすには

　イノベーションのために重要なのは、それを生み出す人と組織です。人の発想と熱意によってイノベーションが決定づけられるからです。
　そこで、慶應SDMでは、もの・こと・組織・人を創り出すデザインにもとづくイノベーションの実現を提唱しています。「システムとしてデザインし、マネジメントも刷新する」というやり方です。
　単に製品・サービスの機能・性能を強化するだけではなく、顧客が潜在的に求めている価値を発掘して理解し、さらに、その価値を高める新たな方法を提供できる人材育成や組織改革、外部との連携方法まで一体的に進める活動です。そのために不可欠な思考法や手法を、われわれは「システムデザイン・マネジメント（SDM）」という学問に体系化するとともに、その普及に注力しています。
　イノベーションを実現するためには、画期的な新しい技術を開発するという技術革新型イノベーションのみならず、人の心の中にある価値を再構築する価値主導型イノベーションを目指すことが有効です。なぜなら、イノベーションの3つの条件の2つ目「実現が可能なこと」を追求する際には、現実的に使いこなすことができる技術を適切に使うべきケースも少なくないからです。もちろん、自社の強みをないがしろにすべきということではありません。自社のシーズ（強み）を生かしつつ、社会のニーズに的確に対応することが必要なのです。
　社会のニーズを把握するにあたって重要なのは、企業や社会において、消費者がまだ気づいてはいないけれども潜在的に求めているような、意識化されていない価値の種を見つけ出すことです。
　iPhoneなどを世に送り出した米アップル社の創始者スティーブ・ジョブズは、かつてこう言いました。「消費者は賢い（よい製品・サービスでないと買ってくれない）。しかし、消費者は、自分ではどんなものが欲しいのかわからない」
　イノベーションを生み出すためには、「価値（社会や顧客にとっての価値）のイノベーション」が重要です。人々自身も気づいていない本質的な価値を明らかにすることによってこそ、機能や性能を強化するだけの改善型ではなく、新たな価値の創造を追求する革新型のデザインを実現できるからです。
　過去のデータの分析や市場調査といった定量的な手法だけでは、企業が意識していなかった領域にある、本質的な価値を見いだすことは困難です。
　他方、われわれが体系化したSDM学では、顧客や社会が真に求めている価値を発見し、イノベーティブな製品やサービスを生み出すことができます。技術の仕様や納期、コストといった作る側の価値だ

イノベーションを起こすためには
システム×デザイン×マネジメント
という発想が必要

けにもとづくのではなく、使う側の価値にもとづいたデザインを創出することができます。

その過程では、組織の壁を越えた協力そのものが大きな価値を生み出します。「協創」です。

多くの日本企業・事業体では、既成概念を乗り越えて、縦割りや系列の弊害を打ち破り、さまざまなステークホルダー（利害関係者）がオープンに協力して、斬新な全体のコンセプトを生み出し、使う技術からビジネスモデルまで吟味していくことを、強力なリーダーシップのもとで実現する、現代的な協創が不足しています。

総合的なSDMの手法や価値を共有する方法を

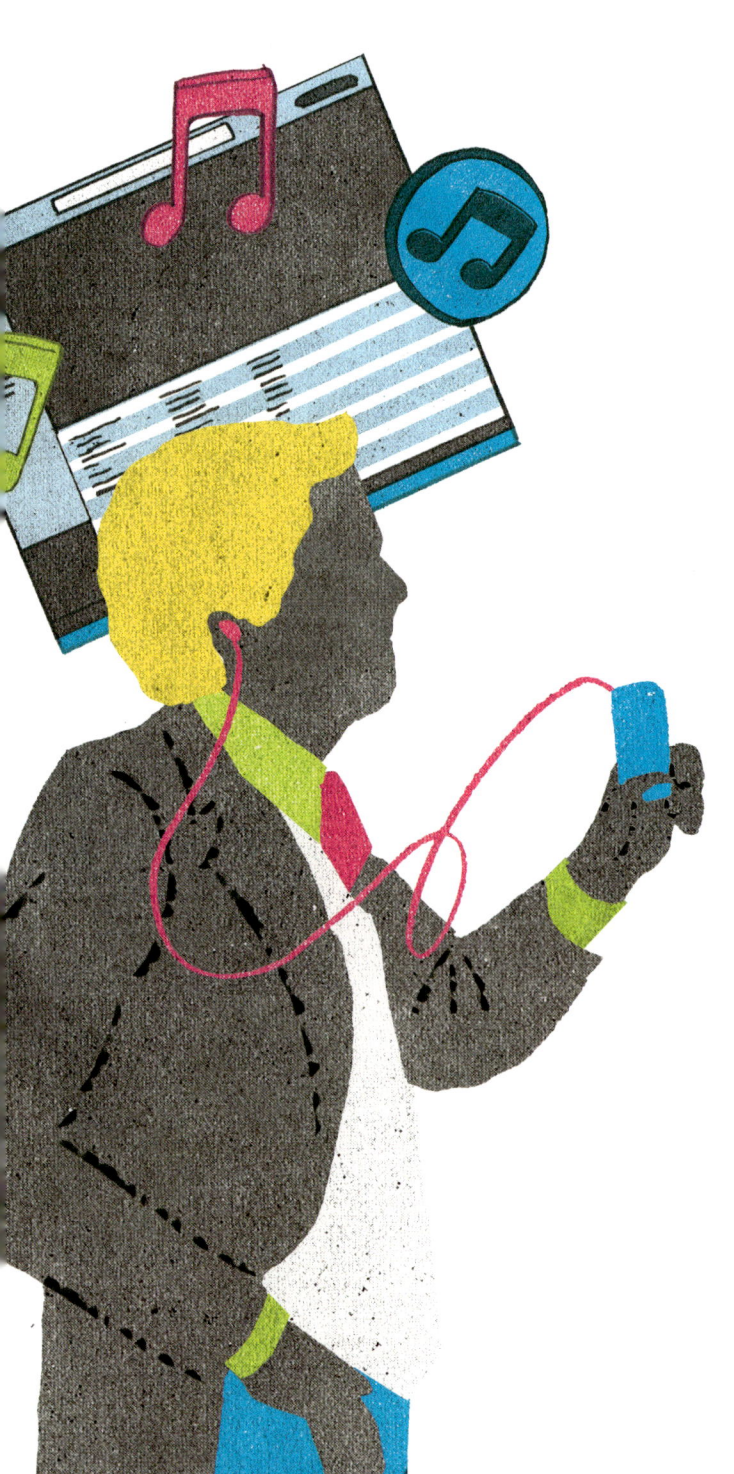

確立し、さまざまな分野の関係者が連携する土壌ができれば、イノベーションの実現によって、日本の企業や社会を覆っている閉塞感を解消できるのみならず、世界をリードする日本発のイノベーションを生み出し続けることができるでしょう。

　企業や社会における潜在的な価値の種を本質的な価値に変えるとはどのようなことなのか、具体例をあげて説明しましょう。

　よく引き合いに出される例に、米アップル社のiPodがあります。iPodという携帯型音楽プレイヤーとインターネットを活用した音楽再生・管理ソフトウェアiTunesをシステムとして組み合わせることによって、音楽の購買や管理のスタイルをがらっと変えました。携帯型音楽プレイヤーやインターネット自体は、それ以前から使われていたので、基礎技術の斬新さはありません。これらを組み合わせることによって、音楽の楽しみ方自体、もっと言えば、文化自体に対する人々の潜在的欲求に応えたのが、このイノベーションなのです。

　すでに紹介したUSBメモリーの発明も同様です。USBメモリーが存在しなかった時代にも、パソコン間のデータのやり取りに使うことができる、便利で簡単なメモリーが欲しいというニーズはありました。これが、潜在的な価値の種です。しかし、そのための手法として、パソコンと周辺機器を接続するためのUSB端子を、そのままメモリーにすれば便利だという発想には至っていませんでした。この価値を見つけ出し、人々が潜在的に求めているけれども、まだ出

現していない本質的な価値に対して、具体的な製品やサービスを作り上げたのがUSBメモリーです。

慶應SDMでは、いかにして人々の潜在的なニーズを探り当ててイノベーションにつなげるかについて、体系的に教育・研究をおこなっています。しかし、イノベーティブな製品やサービスを提案しても、それが本当に市場に受け入れられるかどうかは、実際に市場に投入してみるまでわからない面があります。イノベーションは、本質的にハイリスク・ハイリターンなのです。たとえば、シリコンバレーで生き残り大きな成功をおさめるベンチャー企業はわずか0.3％だと言われています。

では、ハイリスクなイノベーションをやり遂げるための源泉は何でしょうか。視点を変えて、イノベーションを起こすための人のマインドについて考えてみましょう。

イノベーションのためにもっとも大切なものの1つは、情熱です。情熱の源泉は、社会問題への「義憤」ないしは正義感や利他心のような俯瞰的な心だと、私たちは考えています。心を揺り動かされる思いがなければ物事は動きません。「世の中を変えたい」「よりよい世界を創りたい」「今のままじゃダメだ」――。このような熱い思いこそが、イノベーションの源泉なのではないでしょうか。

ある経営者が言いました。「儲けようと思えば、それなりには儲かる。しかし、それだけだ。大成功している経営者の共通点は大義を持っている点だ。社会をよくしたいという本気の思い。その思いが社会に伝わるから、大成功につながる。」

そして、情熱を実現するために必要なのは、新しいことにチャレンジする思いです。大きな志と目的を持ち、部分だけにこだわるのではなく、常に全体を見わたしながら物事に取り組むという姿勢が大切なのです。

イノベーションのための方法論や手法をシステマティックに使いこなす。他方で、それを成し遂げる情熱を持っていること。両者のバランスが大切なの

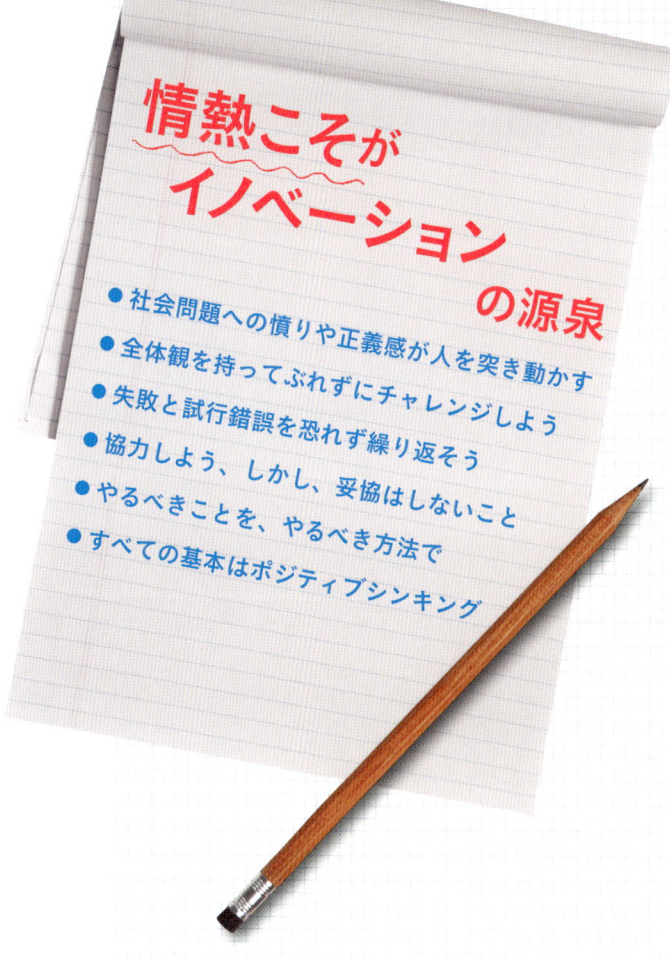

情熱こそがイノベーションの源泉

- 社会問題への憤りや正義感が人を突き動かす
- 全体観を持ってぶれずにチャレンジしよう
- 失敗と試行錯誤を恐れず繰り返そう
- 協力しよう、しかし、妥協はしないこと
- やるべきことを、やるべき方法で
- すべての基本はポジティブシンキング

です。方法論・手法なしにはイノベーティブでシステマティックなアイディアを考案できませんし、情熱なしには数々の障壁を乗り越えてイノベーションを具現化することはできません。

　もう1つ大事なのは、よいアイディアというのは何度も試行錯誤を繰り返しながら、時間をかけて育んでいくものだということです。イノベーションとは、さまざまな人がともに考え、行動を重ねることによって起こるものです。失敗を繰り返すことによってこそ、インサイト（気づき、洞察）が得られます。さまざまなインサイトからソリューション（解決策）を導くことによってこそ、成功が得られます。このことを、米西海岸の名門スタンフォード大学d.schoolでは「速く失敗せよ（fail fast）」と教えています。ジャンケンも数多く勝負しなければ勝ちは増えません。イノベーションへの勝負の回数を増やすことこそ、成功の鍵なのです。

　また、その際に、何ごとも1人では解決できません。どんなに優秀で、高度な専門知識を備えた人物であっても、できることには限界があります。そして、実際に起きている多くの問題は、誰か1人の能力で解決できるほど単純ではないのです。

　重要なのは、いろいろな人が協力しながら問題を解決するという協創のアプローチです。知識の豊富な人も、斬新なアイディアを生み出す人も、経験者も、市民も、若い人も、年配の人も——多様な人

たちがいっしょに考えることで「集合知」が生まれ、決して1人ではたどり着けなかったゴールに到達することができるのです。前述のように、インサイトを打ち消してしまいがちな多数決は厳禁です。妥協せず、賛否両論のアイディアを活かしていくことが重要なのです。

ただし、いろいろな人を集めて、ただ議論を繰り返しても、イノベーションは生まれません。イノベーションは、やるべきことに対して（Do the Right Thing）、やるべき方法で（Do the Thing Right）取り組んでいかなければ生み出せないのです。そのためには、当たり前のものとして、新しいことを考え出す生活習慣（Innovative Thinking as a Habit）を身につける必要があります。

これらを実現するための鍵は、ポジティブ思考です。やればできる。なんとかなる——。自分たちの可能性を本気で信じることが、イノベーションへの道なのです。心理学の研究成果から、楽観的な人は全体思考ができ、悲観的な人は部分にとらわれる傾向があることが知られています。単なる精神論ではなく、認知科学による人の特性理解まで含めて、イノベーションの考え方を体系化し、実践することが重要なのです。私たちは、そのためのキーとなるのが、「システム思考」と「デザイン思考」だと考えています。

システム思考とデザイン思考

広い意味でのシステム思考とは、物事をシステム（要素間の関係性）としてとらえることです（狭義のシステム思考は因果関係ループのことを指します）。

デザイン思考とは、観察（オブザベーション）、発想（アイディエーション）、試作（プロトタイピング）を何度も繰り返しながらチームで協創するイノベーティブな活動を指します。

論理的な視点で「木を見て森も見る」ような、いわゆるシステム思考の視点と、感性も駆使し新たな製品やサービスを見つけ出すような、いわゆるデザイン思考の視点という、両方の視点を持ちながら、デザインの対象に接していきます。これによって、顧客ごとの価値の構造と自らの強みが多視点から可視化され、イノベーティブな製品やサービスのデザインが可能になるのです。

次に、システム思考とデザイン思考の融合について考えてみましょう。

イノベーションを生み出そうとしたときに、多くの日本企業が直面する課題がいくつかあります。既成概念を乗り越えること、縦割り組織や縦割り社会の弊害を打ち破ること、さまざまな既得権者が本質的に理解し合い協力するこ

と、斬新な全体のコンセプトを生み出すこと、使う技術からビジネスモデルまで全体から詳細にわたって吟味していくこと、そしてこれらを強力なリーダーシップのもとで推進していくこと――です。

私たちは、論理を重視するシステム思考と、感性も動員するデザイン思考の両方を融合することで、これらの課題を解決するというアプローチを採用しています。デザイン思考を取り入れることで、システム思考だけでは不足してしまいがちな「イノベーションの要素」を絶やさないようにすること。他方で、システム思考を取り入れることで、デ

ザイン思考だけでは不足してしまいがちな、論理的で「システマティックな要素」を加えること。両者を組み合わせることによってはじめて、大規模・複雑なシステムにも斬新なイノベーションを起こすことが可能になります。

そこで私たちは、システム思考とデザイン思考を融合した方法論を「システム×デザイン思考」と称しています。

読者のみなさんは、左脳・右脳という言葉を聞いたことがあるでしょうか。一般的な傾向として、論理的、数学的、意識的、理性的な情報処理は、左脳がその役割を担う傾向があると言われています。一方、創造的、イメージ、直感的、感性といったキーワードで括られる思考や視点は、右脳が多くの役割を担っていると言われています。

人間の認知を単純化し象徴的に述べるなら、もの・こと・ひとの全体を論理的な視点で分析するシステム思考は左脳が、感覚的な視点でとらえていくデザイン思考は右脳が、それぞれ多くの役割を担っていると考えることができるでしょう。あくまで人間の認知を単純化したモデルであり、現実の脳はそんなに明確に役割分担しているわけではありませんが、イメージしやすいので、このモデルを使ってシステム思考とデザイン思考の融合について考えてみましょう。

システム思考は論理的に「木を見て森も見る」活動ですから、どちらかというと左脳的です。一方、イノベーションの種を見いだすデザイン思考はどちらかというと右脳的です。

システム思考で全体から細部をシステマティックに分析する一方で、デザイン思考で主観を重視した視点

観察（オブザベーション）

発想（アイディエーション）

試作（プロトタイピング）

右脳
感性

■ システム思考とは？

```
        多視点からの可視化
   ┌─────────┐           ┌─────────┐
   │  全体俯瞰  │ 木を見て  │ 構成要素の │
   │ システミック│ 森も見る │  つながり  │
   │          │           │システマティック│
   └─────────┘           └─────────┘
   全体像としての構造理解    構造の緻密な詳細の理解
```

で物事をとらえる、といった対極的な発想を同居させていくことは、左脳と右脳を同時に働かせることと考えられます。システム思考で計画的に設計し、それを確実に評価・検証するプロセスを目指す一方、デザイン思考で、手を動かしながら考えるプロセスを加えていくことも、左脳・右脳の連携です。

多くの問題は複雑で、さまざまな原因から生じています。目の前の問題を解決すると次の問題が起きる。実は目の前の問題は昨日の解決策から生じている。こんなことが頻繁に起きています。場当たり的に対処していても、疲弊するだけですし、きりがありません。

東京からカラスを追い出したら、隣の県にカラスが移ってしまい、今度は隣の県でカラスによる公害が発生した、というのはわかりやすい例でしょう。問題を抜本的に解決するためには、全体を俯瞰して、それぞれの問題がどのように関係しあっているのかを正確に把握したうえで、全体を解決する必要があります。これがシステム思考です。

一方、デザイン思考とは、前述のようにオブザベーション、アイディエーション、およびプロトタイピングの3つの条件を満たしたデザイン手法を指すと言われています。

多くの場合、フィールドワークをおこなう際には、デザインの対象にふさわしい場所を訪れて、観察したり、関係者にインタビューしたり、資料を集めたりします。他方、デザイン思考における観察（オブザベーション）は、量的調査とは異なり、調査者や観察者自らが、調査される対象、観察される人たちの中に入り込んで、主観的に感じて調査する質的な活動を指します。単なるアンケート調査では、意識化された問題しか抽出できません。人々が無意識に感じていてまだ言葉にできていないような問題をとらえるためには、観察者自らが対象者のコミュニティに能動的に入り込み、感性を働かせ、対象となる者の無意識的な活動を体で理解する必要があります。この際に、「○○は△△のはずだ」といった固定観念にもとづく仮説にとらわれず、仮説が潜在

■ デザイン思考とは？

オブザベーション	アイディエーション	プロトタイピング
強い仮説にとらわれず「**無意識の声**」を聞く。主観的に感じて**インサイト**(気づき)を得る。**質的な活動を重視。**	**ブレインストーミング**などを活用し、**チームが協働する**ことによって生み出される「**集合知**」を重視。	短時間に多くのアイディアを試し改良する活動。**頭だけではなく、手で考える、体で考える。**

意識からあぶり出されてくるのを待つことが重要です。観察者が対象者の無意識の声を聞くことです。

システム×デザイン思考では、システマティックな調査と、デザイン思考的な観察および仮説のあぶり出しを、併せておこないます。

アイディエーションとは、集団でアイディアを出し合うことによって、新たな発想を誘発する手法である「ブレインストーミング」などによって、斬新なアイディアを生み出すことを指します。「AとBのどちらが正しいか？」といった対立構造で考えるのではなく、AとBの相乗効果を引き出しながら、対立ではなく融合してアイディアをブラッシュアップしていくのです。左脳型の自分と他人を分ける視点、あるいは議論によって正誤を分ける発想ではなく、あらゆる価値を融合してアイディアを生み出していくという自由な（右脳的な）考え方です。

システム×デザイン思考では、ブレインストーミングのような右脳的な活動と、「構造シフト発想法」のような構造的理解を利用する左脳的な創造技法を両方とも用意しています。

プロトタイピングとは、手や体で考えて短時間に多くのアイディアを試し改良する活動を指します。従来の左脳型の試作は、設計した製品が確実につくられているか否かを評価・検証するのが目的でした。これに対し、デザイン思考におけるプロトタイピングは、右脳も重視する活動です。試作によって、試作者はコンセプトの特徴を確認し、それをチームで共感するほか、意見を求めた人からフィードバックを得たり、あるいは指摘を受けて直すべき点をその場で直すといった、そのまま創造につながる活動です。ラフに試作し、どんどん失敗し、つくりながら考える。頭だけで考えるのではなく、手も使う、体も使う。そんな活動です。

これらは、いずれも製品やサービスを提供する側と使う側、自分と相手、主観と客観を分けることなく、融合した取り組みであると言うこともできます。左脳と右脳の融合。東洋的な表現をすると、「主客融合」です。

システム×デザイン思考のこのような考え方は、東洋の人たちは古来から自然に身につけていたと言われています。たとえば、日本の古くからの思考をあげると、正月から1年たつとまた正月に戻るという時間の循環思考、近江商人の「三方よし」の格言でよく知られる協創と共栄の思想、社会を人と人との間の「人間（じんかん）」ととらえる「やわらかな」システム思考などです。システム思考やデザイン思考というと西洋発のものと思われがちですが、近代の行き過ぎた合理主義へのいわば「反省」として、西洋の学者たちが東洋の思想を体系化したものという見方もできます。日本人はシステム×デザイン思考のタネを実は体内に自然に持っているのではないでしょうか。

そのため私たちは、西洋型のデザイン思考をそのまま受け入れるのではなく、システム×デザイン思考という日本発の体系を開発しました。左脳型の日本の緻密さと、右脳型の日本の感性。これらを組み合わせることによってこそ、日本型のイノベーションを推進できると考えています。

右脳と左脳をバランスよく使うというシステム×デザイン思考のスキルは、訓練によって向上します。イノベーションの天才でなくても、誰でも自由にアイディアを生み出せるようになります。

戦後日本の伝統的教育では、一般的にあまり感情的になりすぎず、冷静に、理性的に（つまり左脳的に）物事をこなす姿勢が重視されてきました。それも重要なのですが、右脳も活かすことが、自由に発想することにつながるのです。イノベーションを生み出すためには情熱やポジティブ思考が重要だと述べましたが、情熱やポジティブ思考などは、まさに右脳的な活動です。精神論ではなく、左脳・右脳を連携させ融合させるために、精神論の科学（認知科学）が重要なのです。

本来、イノベーションを引き起こすアイディアは誰でも生み出すことができるものです。イノベーティブなアイディアと粗削りなアイディアは紙一重です。ばかばかしいと評価されたワイルドなアイディアが、実はイノベーションの可能性を秘めていることが多々あります。こうしたアイディアを捨てずに、イノベーションだと気づく感性が重要なのです。

私たちが学生に説明する際には、子どもの砂場遊びを例にあげます。子どもの砂場遊びでは、1人がトンネルを掘っている向こうで、ほかの子どもが列車を走らせていたり、何かをつくっているなど、それぞれが別々の発想で遊んでいるうちに、それら別々の遊びが融合して新しい砂場遊びに発展していたりします。こうした現象は、論理的な判断を後回しにして、感性のまま自由なマインドで取り組むことによって引き起こされています。「左脳で判断する前に右脳を動かせ」ということです。

こんな開放された心理状態になったときにこそ、斬新な思考や発想が沸き出してきます。新しいアイディアを生み出すプロセスを「発散フェーズ」、生み出された多くのアイディアを選別していくプロセスを「収束フェーズ」と呼びます。発散フェーズは右脳的

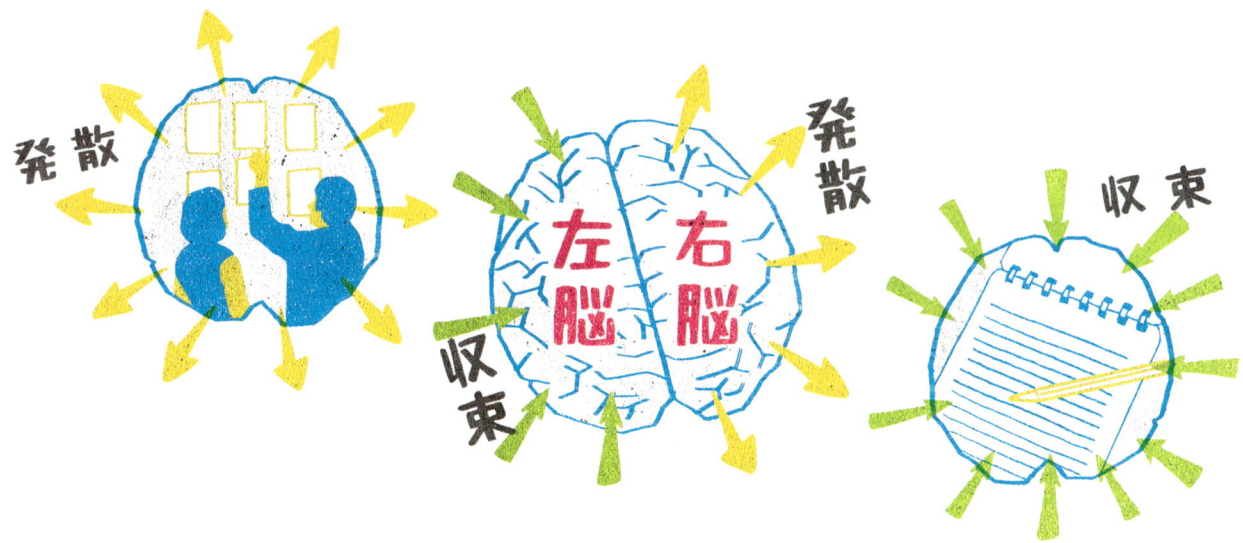

な傾向があります。自由自在に感性を働かせます。収束フェーズは左脳的です。論理に従って考えることが中心です。

　繰り返すことによって上達する傾向が強いのは、アイディアの発散のほうです。自由な感性の発散を促しながら、ポジティブに、楽しみながら取り組むのです。慣れないうちは戸惑うかもしれませんが、「仕事中に大笑いしてはおかしい」という常識は意識的に変える必要があるのです。

　慣れてくると、ブレインストーミングを始めた途端、それまでの真面目な雰囲気が一変してわいわいと盛り上がり、ブレインストーミングが終わればまた論理的な会議に戻るといったように、モードの切り替えが巧みになってきます。思考の中心を、右脳と左脳の間で、自由に行き来させるようなイメージです。思考を発散させたり、収束させたり、容易に切り替えることができるようになります。

　たとえば、慶應SDMがおこなっている授業「デザインプロジェクト」の場合、ブレインストーミングを教え始めて1時間もたてば、学生たちがかなり自由に思考を発散できるようになります。手法を理解することで、発散力は大きく伸びます。ただし、アイディアを発散させるやり方は、すぐには定着しません。そこで、何度も練習を繰り返す必要があります。繰り返しの学習によって、システム×デザイン思考の脳の使い方が身についていくのです。

　なお、ここまで述べてきた「左脳と右脳」の話は、あくまで心を単純化したモデルであることをもう一度強調しておきます。「システム思考＝左脳」「デザイン思考＝右脳」ではなく、どちらかといえば、そちらに重心があるという程度に考えてください。

4 多様な人たちがいっしょに考えることの重要性

What is innovation?

　ブレインストーミングをおこなう際に重要なことが、もう1つあります。似たような発想や価値観を持つ人ばかりを集めるのではなく、できるだけ幅広い分野から、異なる発想や価値観を持つ人を集め、多様性を確保することです。ブレインストーミングとは、複数の人が協創しあい、個々のアイディアをつなげていくものだからです。多様性がよい結果をもたらすということは、学術的な研究でも実証されています。事例を2つ紹介しましょう。

　1つは、「ハーバード・ビジネス・レビュー」に掲載された論文です。これは、多様なメンバーで構成されるチームと、均一なメンバーで構成されるチームをつくり、それぞれのチームに出させた新しいアイディアを比較したものです。イノベーティブかどうかという視点から「アイディアの質」を評価したところ、多様なメンバーよりも均一なメンバーのほうが平均点が高いという結果になりました。これは、多様なメンバーがいるとアイディアの質のバラツキが大きくなり、よくわかならいアイディアや的外れなアイディアが増えるからです。ただし、多様なメンバーは、数

■ 参加者の多様性と生み出されるアイディアの傾向

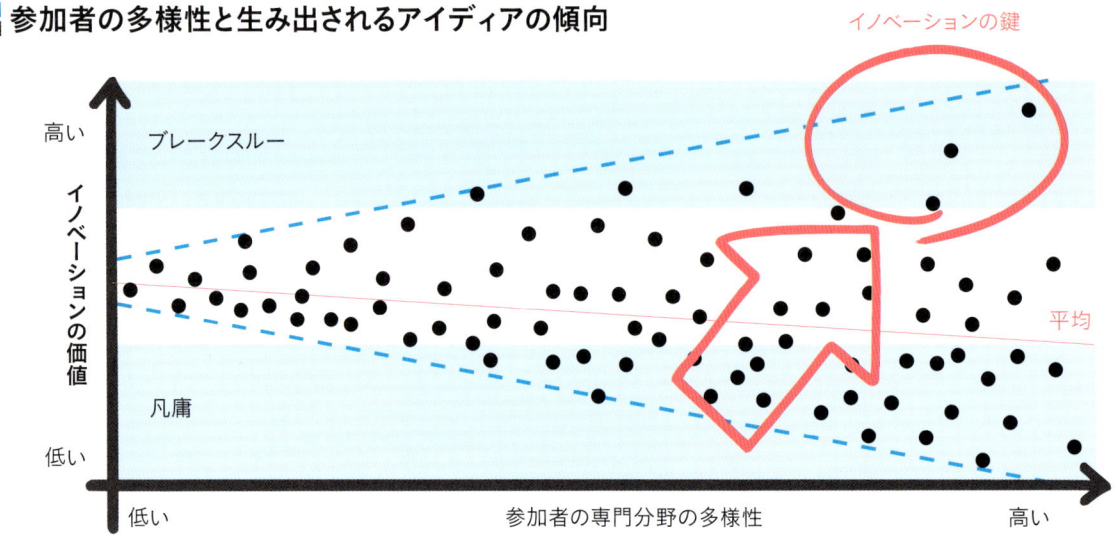

システム×デザイン思考の流れ

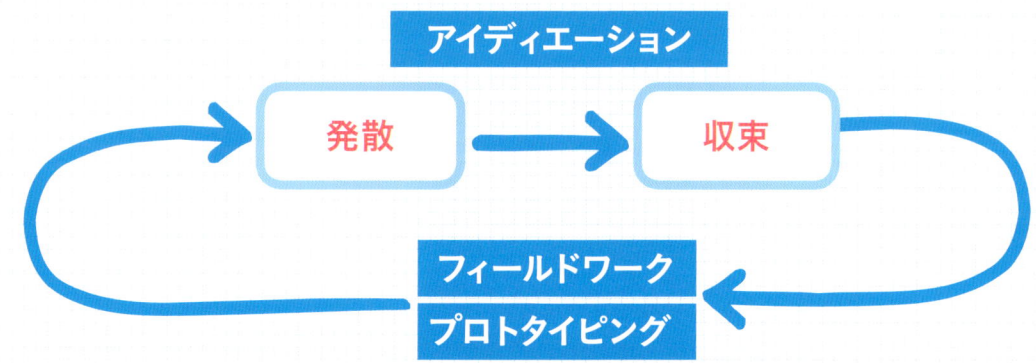

は少ないながらも、飛び抜けて優れたアイディアを生み出します。こうしたアイディアこそ、イノベーションの鍵となるものです。

ある分野の専門家ばかりで発想した場合には、それなりにまとまった「よいアイディア」が生み出されますが、飛び抜けて優れたアイディアは生まれにくいのです。

日本の企業の場合、誰かが優れたアイディアを提案しても、従来の方針と異なるなどの理由で排除されることが多いのです。そもそも、一時期の成功体験にとらわれすぎて、多様な人でグループを構成するという発想を持たない組織も少なくありません。まずは、物議を醸し、秀でたアイディアが生み出されるような風土づくりが重要です。多様なメンバーでアイディアを生み出そうという意識が高まれば、どんな組織もイノベーティブになれるのです。

もう1つは「サイエンス」に掲載されたもので、優秀な人物が1人で生み出すアイディアよりも、チームで取り組んだほうが優れたアイディアが出るというものです。面白いのは、参加した女性の数と、生み出されたアイディアの新規性に正の相関があるという結果です。チームには、できるだけ多くの女性が参加するのが望ましいということです。一般的に女性のほうが相手と協働する社会的能力が高いからだそうです（男性の方、ごめんなさい！）。ジェンダーは1つの例にすぎませんが、さまざまな思考や価値観を持つ人たちが集まって発想したほうが、イノベーションの創出に近づけるのです。

慶應SDMの修士課程必修科目「デザインプロジェクト」では、半年間にわたって、システム×デザイン思考の一連のプロセスを学びます。

実際のプロジェクトは、PDCA（plan-do-check-

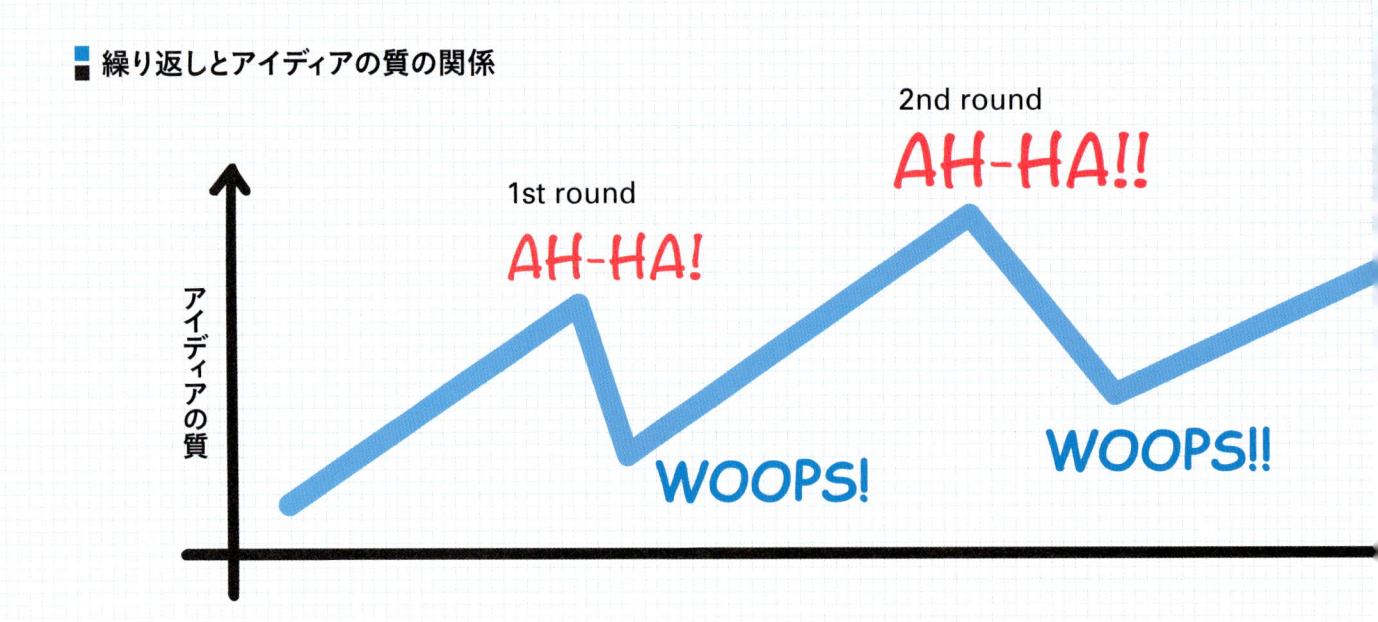

■ 繰り返しとアイディアの質の関係

アイディアの質

1st round
AH-HA!

2nd round
AH-HA!!

WOOPS!

WOOPS!!

action）サイクルのような定型的なプロセスではなく、図のように、アイディエーション、フィールドワーク、プロトタイピングを何度も繰り返すプロセスからなります。フィールドワークやプロトタイピングを通して得られる体験を通じて、繰り返し、発散と収束を繰り返すことにより、さまざまなインサイトを得るとともに、多様なアイディアを導出します。新しいアイディアに対しては、その都度フィールドワークとプロトタイピングによる評価・検証をおこなうというサイクルを回すことで、よりよいアイディアへと高めていきます。本来、始まりがなく、終わりもないプロセスです。

一般的な開発では、事前に緻密に計画し、試行錯誤や手戻りを減らし、計画通りに仕事を実施することが推奨されますが、デザイン思考のプロセスは異なります。前述のフェイルファスト（速く失敗する）という考え方は、プロトタイピングやアイディエーション、フィールドワークを何度も繰り返すサイクルを早く回すことによって、多くのインサイトを得るとともに、多くの新規アイディアを得るというデザイン思考の姿勢を表しています。フェイルファストのためには、アイディアを形にして試すプロトタイピングが重要です。製品の提案の場合、実際にものをつくって、使ってみて、インサイトを得ます。

サービス提案の場合には、具体的なものをつくってみることが難しいケースもあるでしょう。その場合には、サービスのシナリオをスライドや紙芝居、ビデオで表現してみるという方法があります。また、ス

　キット（寸劇）を演じてみるのもよい方法です。一見、寸劇は学芸会のように思えるかもしれませんが、それぞれのステークホルダーの役割やサービスのシナリオを体感することによって、多くのインサイトを得ることができます。また、ビデオなどに比べてプロトタイピングが容易であるというメリットもあります。箱庭やジオラマのようなものを作成して、その中で人の動きや会話などを再現してみるのもよいでしょう。サービスを紹介するウェブページを作成してみるという方法もあります。体験会を実施してみるという方法もあります。いずれにせよ、実際に「やってみる」ことで得られる示唆は非常に多くあります。
　アイディエーションのプロセスでは、図に描いたように、AH-HA!（なるほど！）とWOOPS!（しまった！）を繰り返すことが重要です。一般的な開発では、それなりによいアイディアが出ると、それを改良することが推奨されがちですが、そうではなく、問題が生じたら、現行のアイディアにとらわれずに、別のアイディアを探す姿勢が重要です。
　WOOPS!はいつ生じるのでしょうか。たとえば、アイディエーションのフェーズで思いついたアイディアを、プロトタイピングしてみて問題を発見したときや、消費者に使ってみてもらって不満を聞いたときです。あらゆるアイディアは、使う人に響くものでなければ意味がありません。問題が見つかったら、またゼロから考え直す潔さが重要です。思いついた人も、そのチームも、消費者も、アイディアのよさを共感してはじめて、よいアイディアと言えるのです。

次に、イノベーションのためのプロセスをどのように始め、どのように進めていくのかを見ていきましょう。

スタートアップ

プロジェクトは、チームづくりと全体像の理解から始まります。システム×デザイン思考では「木を見て森も見る」ことが重要です。アイディエーション、フィールドワーク、プロトタイピングから構成されるプロセスの中で、いま自分たちがどこにいるのかを常に意識してください。Part2では、イノベーションの創出に役立つさまざまな技法を紹介しますが、技法の1つひとつはあくまでも「部分」です。部分と全体のバランスをとりながらプロセスを繰り返し、さまざまなインサイトを得るとともに、ソリューションへと導いてください。

ニーズを確認

アイディエーション

アイディエーションは発散フェーズと収束フェーズから成ります。

発散フェーズでは、おもに、自由連想法（ブレインストーミングなど）、強制連想法（シナリオグラフ、構造シフト発想法など）などの技法を用いて、多くのアイディアを生み出します。できるだけ幅広く、突飛なもの（一見、現実的でないと考えられるもの）も含めて、あらゆる観点から検討することが大切です。

収束フェーズは、一般には、アイディアの分類・整理・選択をおこなうフェーズと考えられていますが、私たちはもう少し広くとらえています。つまり、出てきたアイディアを実現するために必要なビジネスモデルを考えたり、そもそも「そのアイディアは何のためか？」を考えるなど、アイディアを深め、構造化し、可視化することもおこないます。

親和図法、2軸図、バリューグラフ、CVCA（顧客価値連鎖分析）、WCA（欲求連鎖分析）、ピュー・コンセプト・セレクションなど、多様な技法を用いて、アイディアを多視点から構造化・可視化するとともに選択します。

カタチにする

フィールドワーク

　教室や研究室から飛び出して現場に出向き、直接的に状況を確認するフィールドワークを指します。フィールドワークは大ざっぱに、現場の様子を観察するオブザベーションと、当事者やステークホルダーの生の声を聞くインタビューに分けられます。フィールドワークは、課題の全体像を把握したり、問題のありかを探るために、アイディエーションの前段階でおこなったり、あるいは、プロトタイピングでカタチにしたアイディアに対する反応や共感を得るための検証段階でおこなったり、イノベーションのプロセスのさまざまな段階で実践します。

フィードバック

ニーズを確認

カタチにする

プロトタイピング

　アイディアを具体的なカタチに落とし込み、手や体で考えるとともに、評価・検証するプロセスです。よいアイディアが生まれたら、ラフでもいいので素早くカタチにしてみて、気づきを得ることは非常に有益です。数多くのプロトタイプを作成し、不具合を確認したり、ユーザーに見てもらうことによって、フィードバックが得られます。そうしたフィードバックをもとにアイディアを改良し、よりすぐれたアイディアへと育てていくことが重要なのです。

フィードバック

次のフェーズへ

　前述のように、イノベーションは終わりのないプロセスです。状況が変わったり、情報が付加されたら答えも変わりますから、最適な最終解は存在しません。とはいえ、現実の問題解決のプロジェクトでは、どこかで答えを出して終わらせなければなりません。区切りをつけるとすれば、ある有望なアイディアをプロトタイピングし、フィールドワークなどで有効性や妥当性を確認し、一定の評価が得られたところになるでしょう。本質的なイノベーションは、タイミングに関係なく「これはいける！」と確信できる解が得られたときに始まります。

「最適解がない動的な世界で、たくさんのアイディアの中からどれを選べばいいのか？」という質問をよく受けます。実際、甲乙つけがたいアイディアが複数あったり、どのアイディアにも何らかの欠点があるという場合には、選択に苦慮することがあります。慶應SDMのデザインプロジェクトに参加している学生も、この点で悩むことが少なくないようです。

本来、「どれを選べばいいのか」と悩んでいるようでは、まだ区切りがついていないと判断すべきです。なぜなら、「これはいいアイディアだから早く実現したくてたまらない」と誰か──「誰も」ではなく「誰か」──が強烈に思うようなアイディアでない限り、革新的なイノベーションにはつながらないからです。賛否両論のアイディアをチームメンバーや上司や社内の関係者に説明して説得したり、困難を乗り越えて製品化にたどり着くまでには、情熱を持って最後までやり抜きたいと思うようなアイディアに深化していなければなりません。実現したくてたまらないアイディアが2つある場合には、2つとも具現化すればいいのです。

では、どれくらいの時間をかければイノベーションに達するのでしょうか。たとえば、慶應SDMのデザインプロジェクトは、半年間にわたるプロセスに、それぞれのチームが数百時間を費やしています。一般的には、最低でもこれくらいの時間と労力が必要だと言うべきかもしれません。その一方で、地域活性化や教育の改善を対象におこなった別のプロジェクトで、数時間で優れたアイディアが出て具現化されたという経験もあります。結局のところ、課題のテーマや携わる人たちによって状況がまったく違うので、一概には言えません。

重要なことは、「為せば成る」という気持ちです。トーマス・エジソンが言ったように、成功するまであきらめなければ、成功します。イノベーションのループを必要なだけ回せば、必ずイノベーションは起こる──。それを信じて、情熱を持って取り組むことが、方法論や手法を身につけることと同じくらい大切なのです。

システム×デザイン思考の最前線
——慶應SDMの挑戦

半学半教——学生も教員も、学ぶ者であると同時に教える者でもある

　ここまでの解説で、イノベーションのためのシステム×デザイン思考の全体像についてご理解いただけたでしょうか。Part1の最後に、慶應SDMが取り組んでいるシステムデザイン・マネジメント学（SDM学）について、もう少し詳しく紹介しておきましょう。

　システム×デザイン思考は、システムズエンジニアリングやマネジメントとともに、SDM学の学問体系を構成しています。

　慶應SDMは、これまで世界のどこにもなかった、まったく新しい大学院です。あらゆる分野の問題をシステムとして分析・統合するとともに、イノベーティブなデザインとサステナブルなマネジメントにより解決するための学問体系の構築と、それを身につけた人材の育成をおこなうために2008年に設立されました。学部を持たない単独大学院であり、修士課程と博士課程から成ります。

　SDM学は、右ページに掲げた［1］〜［6］の特徴にもとづいた教育プログラムの総体です。

　［1］〜［4］は、慶應SDMが社会の縮図であることを示しており、さまざまな分野のプロフェッショナルが一緒に活動することでイノベーションが生まれやすくなるという条件に沿うものです。［5］は、顧客の懐に主観的に入るための手法で、価値の発掘や構造化のために有効です。［6］は、もの・こと・ひとを個別の概念ではなく複合的なシステムとしてとらえるとともに、多様な者が協働してソリューションを導くうえで不可欠な手法です。

　従来の大学や大学院は、工学や経済学、心理学といったように、学部や研究科が学問ごとに分かれています。しかし、現代の社会や企業が抱えている複合的な課題を解くためには、さまざまな領域の学者や企業人が協力し合い、多くの分野の専門知

職業、年齢、国籍を超えた多様な学生がともに活動する

いつも真剣、かつ楽しく学ぶことが重要

慶應SDMの特徴

[1] 日本にある多くの大学院と異なり、基本的に、何らかの専門性を持つ学生を主要な対象としています。

[2] 製造業、サービス業、経営、コンサルティング、教育、法曹、医療、アート、官公庁、自治体、NPOなど、幅広い分野のプロフェッショナルが集まっています。

[3] いわゆる象牙の塔と呼ばれがちな、学問の世界だけに閉じこもる研究機関ではなく、現実的かつ実社会的な知恵と実践力を授けることを重視しています。

[4] 国内外の産学官との連携や協働を積極的におこなうなど、多様性を重視しています。

[5] 顧客の声、社会における無意識下の声なき声に耳を傾けています。ニーズ・オリエンテッド・デザインや人間中心デザインを重視しています。

[6] 全体的（システミック）な俯瞰とシステマティックな論理的分解、モデリング、構造化、並びに可視化を重視しています。

チームで議論することからアイディアづくりが始まる　　アイディアを体験してフィードバックを得る

識や経験を集めることが必要です。多分野の人材が協力して研究課題に取り組むインターディシプリナリー（学問分野横断的）な活動が渇望されています。

慶應SDMは、こうしたインターディシプリナリーな学問を体系化するとともに、それを学生に伝授するための場として設立されました。すなわち、あらゆる物事をシステムとしてとらえ、それを新たにデザインし、マネジメントして維持、発展させていくことに取り組むユニークな大学院です。日本に2つとないコンセプトの大学院です。

[1]で示したように、学生の過半数は、すでに何らかの専門性を備えている社会人です。学生の出身分野は、文系、理系、芸術系、体育系とさまざまです。[2]で示したように、社会人学生の専門分野（所属先）は、メーカー、サービス、シンクタンク、金融、建築、アート、マスコミ、コンサルティング、法曹、省庁、教育、医療など、多岐にわたっています。そして、学生の約1割が企業経営者です。東証一部上場企業の社長もいます。経営者が、さらに広い視野を身につけたいという思いで学びにきているのです。こうした多様さも、日本の他の大学にはない特徴です。

慶應SDMには、専任教員のほか、多くの特任教員や特別招聘教員が在籍しています。これまでに存在しなかった学問であることもあって、学生や修了者が教えたり授業の手伝いを買って出てくれるという一体感も特徴です。

学生の定員は、修士課程が1学年77名、博士課程が1学年11名です。

われわれの特徴をわかりやすく示すために、一般的なビジネススクール（経営大学院）やデザインス

海外の研究者による講演やワークショップが豊富

いつもホワイトボードと付箋を活用してアイディアを育てる

クールとの違いを示しましょう。

　ビジネススクールでは、過去の事例から学ぶケースメソッドを中心に教育プログラムが組まれることがよくおこなわれています。また、経営学、会計学、マーケティングなどを個別に教え、学んだ内容を統合する方法については学生任せという場合が少なくありません。

　一方、デザインスクールは、未知の課題の解決を中心に据えていることが特徴です。そのための方法論の1つがデザイン思考です。近年、世界的には、デザインスクール的な要素を取り入れたビジネススクールも増えつつあります。

　このようななか、慶應SDMは、自らを「システム×デザインスクール」と位置づけています。ビジネススクールのような体系だった学問体系を用意する一方、デザインスクールのようなイノベーションのための体系も用意しています。

　誤解を恐れず言うと、ビジネススクールは従来型の学問体系に寄り添う傾向があるのに対し、デザインスクールはそのアンチテーゼ的な側面が強いため、従来の学問体系とは別のものと考えられがちです。しかし、どのような学問・方法論にも利点があります。このため、慶應SDMでは、両者のよさをバランスよく取り入れることを目指しています。システム×デザイン思考という名称は、その理念を表しています。

　別の言葉で言えば「協創」です。さまざまな者が協力して創造する。知恵のある者、実績のある者、あるいは熱意のある者が協力して、大規模・複雑化した現代社会の問題を解決していく。そのための大学院、そのための学問体系です。

システム×デザイン思考の技法と活用事例

このパートでは、システムデザイン・マネジメント（SDM）の考え方にもとづいて、現実社会のさまざまな問題・課題に対してどのようなソリューションを提供するのかという方法論と技法（ツール）を説明します。

前半では、慶應SDMで活用しているイノベーション創出の技法──協創のための16の技法──を紹介します。デザイン思考の手法とシステム思考的な手法を融合することで、アイディアの発散・収束をおこないやすくしています。

後半は、SDMの活用事例です。実在の企業・団体からの依頼にもとづき、慶應SDMの学生たちが「デザインプロジェクト（DPro）」と呼ばれる学習プログラムのなかで提案したケースを紹介します。問題解決のプロセスで、各チームがどの技法をどのように駆使してアイディアを生み出し、ソリューションを導いたかを具体的に解説します。加えて、慶應SDMの教員や修了生などが企業と協働したり、新しいビジネスをスタートした事例も取り上げます。

SDMのツールボックス
協創（Co-Creation）のための16の技法

手順やルールにとらわれず自由に使おう

　Part1で説明したように、イノベーション創出のプロセスでは、アイディエーション（アイディアの発散と収束）、フィールドワーク、プロトタイピングというアクティビティを行ったり来たりしながら、よいアイディアを見つけ、磨きをかけ、実現可能なソリューションへと進化させていきます。次ページの表は、こうしたイノベーション創出のプロセスで活用する「協創（Co-Creation）のための技法」のうち代表的な技法を一覧にし、おもにどのような場面で使用するのかを分類したものです。一般的には、「ブレインストーミング」から始めてアイディアを発散し、次に「親和図法」や「2軸図」などでアイディアを収束させるといった手順をとることが多いのですが、技法を使う順番が決まっているわけではありません。最初にフィールドワークをおこなってチームで問題意識を共有するところから始めたり、プロトタイピングで何かをカタチにしてから議論を始めることもありえますし、思考に行き詰まったときに再びブレインストーミングをおこなうこともよくあります。

試行錯誤がよいアイディアに結びつく

　16の技法それぞれの特徴や使い方については、Part2（42ページ以降）で詳しく説明していきますが、技法の知識を学ぶだけでは、よいアイディアを生み出すことはできません。本書で知識を習得したうえで、職場などの仲間といっしょに実際に技法を活用することが、イノベーション創出への第一歩になります。取り組む課題の性質や状況によって、適している技法とそうでない技法があるかもしれません。チームメンバーの習熟度や得手・不得手によっても、使いやすい技法と使いにくい技法があるはずです。1つの技法を試してうまくいかないときには、早めに見切りをつけて別の技法に切り替えるというように、試行錯誤を繰り返しながら、臨機応変に使い分けてください。何よりも重要なのは、「イノベーティブなことを考えてみよう」という気持ちをチームのメンバーで共有することです。「これまでと異なるアプローチや考え方で革新が起こせる可能性はないだろうか」という意識を持ちながら、取り組みやすい技法を選んでトライしてみてください。

	アイディエーション		フィールドワーク	プロトタイピング
	発散	収束		
① ブレインストーミング	○			
② 親和図法	○	○		
③ シナリオグラフ	○	○		
④ 2軸図	○	○		
⑤ 構造シフト発想法	○	○		
⑥ フィールドワーク	○		○	
⑦ バリューグラフ	○	○		
⑧ イネーブラー・フレームワーク		○		○
⑨ 因果関係ループ図	○			
⑩ CVCA（顧客価値連鎖分析）		○		○
⑪ WCA（欲求連鎖分析）		○		○
⑫ ピュー・コンセプト・セレクション	○	○		○
⑬ プロトタイピング	○	○		○
⑭ 手書きの図	○	○	○	○
⑮ ストーリーテリング		○		○
⑯ 即興	○	○	○	○

1 ブレインストーミング

「アイディア出し」の超・定番ツール

Brainstorming

まずはアイディアを大量生産しよう！

多様な参加者が、与えられたテーマから連想をスタートし、自分のアイディアや他人のアイディアにどんどん乗っかりながら、数多くのアイディアを生み出していく手法です。広告代理店の役員をしていた米国人アレックス・オズボーンが1930年代に考案し、1950年代に公開したといわれています。現在では世界的に広く知られるようになり、参加者が付箋にアイディアを書き込み、それをホワイトボードや模造紙に貼っていくという方法がよくおこなわれています。

とにかくアイディアの量を増やすことによって、質の高いアイディアが生まれる確率を高めることが重要です。たとえ、参加者全員が「これだっ！」と確信するようなアイディアが生まれなくても、アイディアを構造化する手法と組み合わせてインサイトを得ることによって、イノベーティブなアイディアへと進化させることもできます。そのための材料を集めるという意味でも、ブレインストーミングはとても有益なツールなのです。

How to use　ポストイット1枚にアイディア1つ

1. テーマと時間（10～60分程度）を設定する。
2. 少人数のグループ（3～7人程度）をつくる。
3. オープンな雰囲気をつくるためアイスブレイク（簡単なゲームやクイズなど）をおこなう。
4. テーマやアイディアを付箋紙に書く（1アイディアあたり1枚）。
5. 付箋紙に書いた内容を声に出して読む。
6. 他人のアイディアにポジティブな反応（例：おもしろい！　いいね！）を返す。
7. 4～6を時間内で繰り返し、創出されたアイディアを次のアクティビティに活用する。

Point!
「アイディアに乗っかる」のがコツ！

　最初にテーマの設定がポイントになります。不慣れな参加者がいても、常識や固定観念にとらわれずにアイディアを出しやすいように、目的がわかりやすく、具体的な表現を考えてください。たとえば「新しい携帯電話」よりも「いつでも誰かと会話できる、これまでにない方法」と表現したほうが、自由な発想を誘発できます。

　また、ブレインストーミングの最中には、ほかの参加者の「アイディアに乗っかる」ことを意識してください。設定した時間の中盤から終盤にさしかかると、まったく新しいアイディアが出にくくなります。すでに出されているアイディアから別のアイディアを連想するように心がけると、より多くのアイディアを創出することができます。

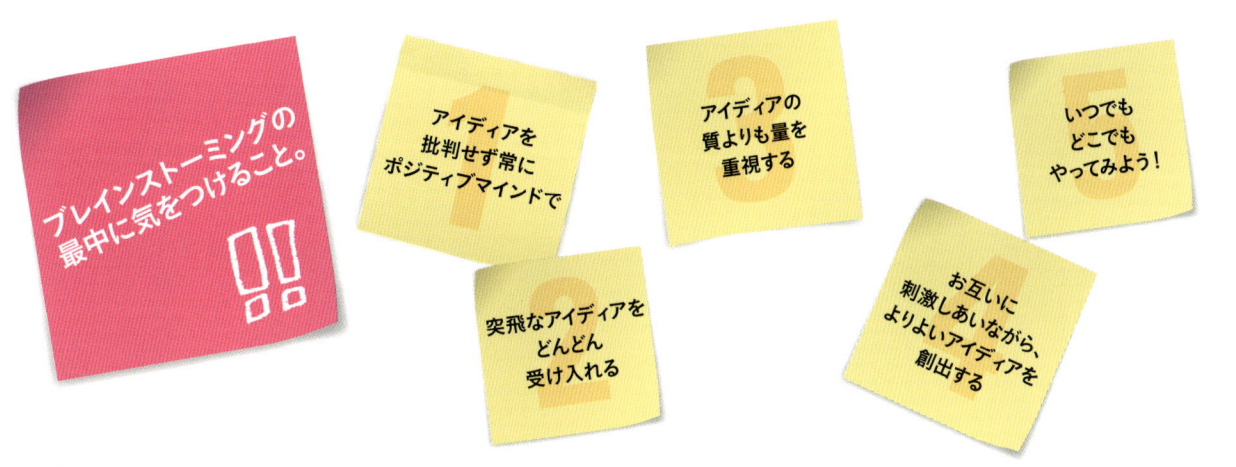

ブレインストーミングの最中に気をつけること。!!

1. アイディアを批判せず常にポジティブマインドで
2. 突飛なアイディアをどんどん受け入れる
3. アイディアの質よりも量を重視する
4. お互いに刺激しあいながら、よりよいアイディアを創出する
5. いつでもどこでもやってみよう！

For example
いつでもどこでもやってみよう！

　ブレインストーミングは、付箋とペンさえあれば、場所を選ばずにどこでも実施できる手軽な発想手法です。会議室にこもって"ロングブレスト"に取り組むのも有益ですが、ときには場所やメンバーを変えてみるのも、アイディアの発散には効果的です。

　慶應SDMのデザインプロジェクトに参加したあるチームは、「○○線でブレスト」というユニークな実験をひそかに試みました（某電鉄会社様、お許しください）。電車の中という環境は、発着の際のスピードの変化や振動を体感できるため、ストップウォッチなどを使用しなくてもタイムマネジメントがしやすいという利点があります。都心の近距離鉄道や地下鉄などでは駅間が数分間とほぼ同じなので、「あともう少し」といった感覚を共有しながらの"ショートブレスト"に適した環境とも言えるのです。また、実際に体験したメンバーによれば、第三者の視線にさらされることで緊張感や高揚感が高まり、チームとしての一体感やる気が強まるという効果もあるようです。

2 親和図法

意味の近さでアイディアを分類

Affinity Diagram

情報をグループ分けして意味を可視化する

　数多くのアイディアを、情報の意味の近さ（親和性）にもとづいてグループに分類する手法です。ブレインストーミングで得られたアイディアをもとに親和図を作成するというのが一般的な手順です。一見しただけでは関係性がわかりにくい情報やデータでも、親和性という観点からグルーピングし、情報を統合していくことによって、それまで気づいていなかった問題や傾向、思考の枠組みを可視化することができます。

How to use　「近いもの同士」に名前をつける

❶ ブレインストーミングなどを用いて数多くのアイディアを集め、1つずつ付箋に書き込む。
❷ チームで議論をしながら、意味の近さ（親和性）にもとづいてアイディア（付箋）をグルーピングする。
❸ グループごとに、特徴をあらわす名前（グループラベル）をつける。
❹ グルーピングの過程を振り返りながら、全体を俯瞰する。
❺ 視点を変えて何度もグルーピングを繰り返す。

ⓟoint!
みんなの合意を形成しよう！

　親和図法の利点はおもに2つあります。1つは、グルーピングの過程で参加者の合意が形成されることです。グルーピングには論理的なものと創造的なものがあります。論理的なグルーピングでは、参加者の認識をすり合わせることで合意を得ることができます。他方、創造的なグルーピングでは、多様な考えをぶつけ合いながら、チームとして新たな視点を獲得することができます。もう1つの利点は、親和図を俯瞰することによりインサイトを得ることです。アイディアがバラバラの状態では意識化されていなかった知識や認識を可視化することで、新たな視点や切り口を見つけたり、チームの思考の傾向を確認することができます。

　グルーピングの方法はさまざまです。「親和性」をどう考えるかによって、同じアイディア群から複数の異なる親和図を作成することができ、多様なインサイトを得られます。

ⓕor example
「多様な人が参加する機能」の構造を親和図で可視化

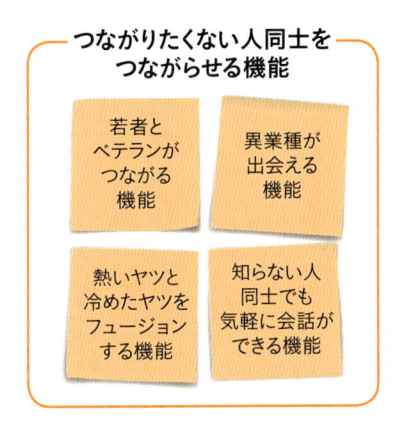

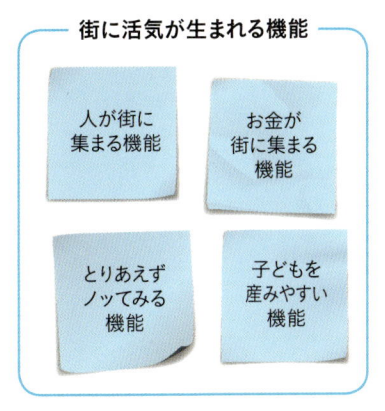

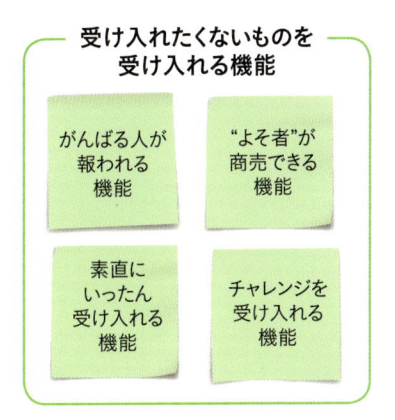

つながりたくない人同士をつながらせる機能
- 若者とベテランがつながる機能
- 異業種が出会える機能
- 熱いヤツと冷めたヤツをフュージョンする機能
- 知らない人同士でも気軽に会話ができる機能

街に活気が生まれる機能
- 人が街に集まる機能
- お金が街に集まる機能
- とりあえずノッてみる機能
- 子どもを産みやすい機能

受け入れたくないものを受け入れる機能
- がんばる人が報われる機能
- "よそ者"が商売できる機能
- 素直にいったん受け入れる機能
- チャレンジを受け入れる機能

しがらみを水に流す機能
- 派閥を越える機能
- 複数の派閥に所属できる機能
- 別派閥の人たちを尊敬できる機能

言いたくない人を参加させる機能
- アイディアを表出する機能
- 若者がアイディアを生み出す機能

　一般社団法人ISHINOMAKI2.0と慶應SDMが共催したワークショップでは、石巻市の復興に向けて、「地元を中心に多様な人たちが参加できる環境づくり」をテーマに親和図を作成しました。図を俯瞰して議論した結果、「割り切った関係」を支援する機能がいま必要だという気づきが得られました。時間をかけて本質的な解決を目指すことは大切ですが、スピード感をもって目の前の問題に対処するアプローチを併存させることの重要性を認識することができました。

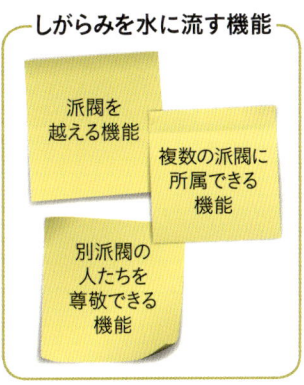

3 強制的にアイディアを発散させる
シナリオグラフ

Scenario Graph

自由度を制限してアイディアを出しやすくする

　発想法のなかには、ブレインストーミングのような自由連想法とは異なる「強制連想法」があります。その代表的な手法としてあげられるのが、シナリオグラフです。

　シナリオグラフは、スタンフォード大学の故石井浩介教授らが開発した手法で、いつ、どこで、誰が、何をするといったシナリオ形式でアイディアを生み出していきます。発想の自由度が大きい手法に不慣れな参加者でも、与えられた条件に従いながら比較的容易にアイディアを出すことができるという特徴があります。ブレインストーミングとシナリオグラフの違いを検証するために、高校生を対象に私たちがおこなった実験では、創出されたアイディアの数は大差がないものの、アイディアの実現性や新規性の面でシナリオグラフのほうが有効であるという結果が出ています。

　常識的には思いつきそうもないシナリオを作成し、参加者の思考に刺激や揺さぶりを与え、アイディアの空間を広げるのに有効な手法と言えます。

How to use 「いつ」「どこで」「誰が」「何をする」

❶ 製品やサービス、コンセプトや機能など、アイディア出しのテーマを設定する。

❷ たとえば「いつ」「どこで」「誰が」「何をする」という枠組みを決め、アイディアを出していく。テーマや状況によって、ケースバイケースで要素を増やしたり、変更してもよい。

❸ いろいろな要素を組み合わせて数多くのシナリオを作成し、考えたこともなかったシナリオから刺激を受けながら、インサイトを得る。

Point!
条件をきっかけに自由に発想しよう

　シナリオグラフは、条件を設けることによりアイディアを出しやすくする発想法ですが、条件があるからといって型通りのアイディアで済ませようと思ってはいけません。限られた枠の中でも常識にとらわれずに発想し、「いままで考えたこともなかった！」「意外にこれっていいかも……」というような斬新なシナリオを作り出し、創造的なインサイトを発見してください。また、「いつ」「どこで」「誰が」「何をする」という4つの要素にこだわる必要はありません。検討する対象に応じて、ほかの要素を加えたり、入れ替えたりして、工夫して使ってみてください。

For example
「なんだこれ？」から「でも、意外といい！」へ

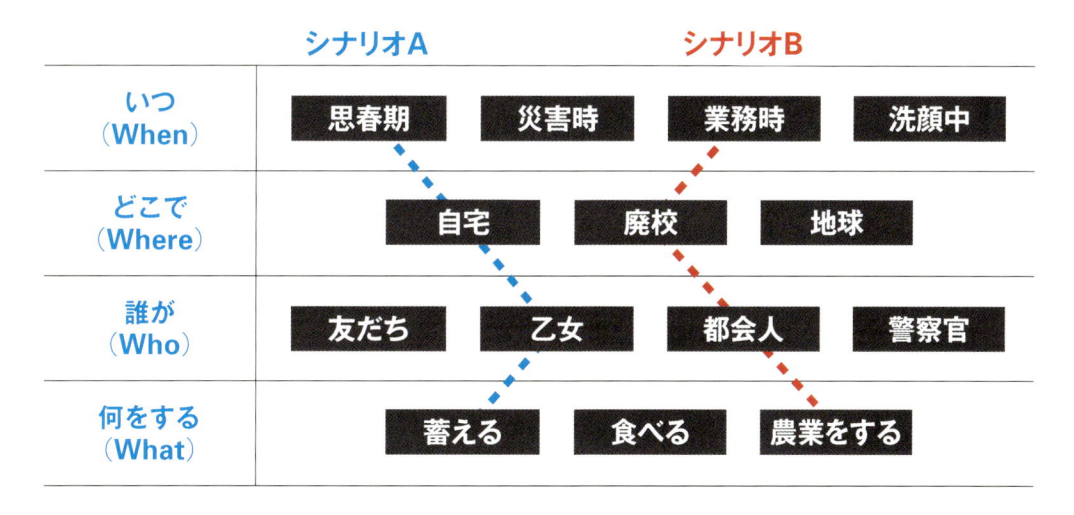

	シナリオA		シナリオB	
いつ（When）	思春期	災害時	業務時	洗顔中
どこで（Where）		自宅	廃校	地球
誰が（Who）	友だち	乙女	都会人	警察官
何をする（What）	蓄える	食べる	農業をする	

　この事例は、慶應SDMが開催したワークショップで紹介したものです。とくにテーマを決めずに、「いつ」「どこで」「誰が」「何をする」という枠の中で自由に発想したアイディアを集め、それぞれを組み合わせてシナリオをつくりました。いろいろなシナリオをつくるうちに、「廃校」と「農業」などという、新しいビジネスの可能性がありそうな組み合わせを発見することができました（シナリオB）。シナリオAは、「乙女」と「蓄える」という一見すると意味のなさそうな組み合わせを含んでいますが、さらに連想してみると、たとえば「乙女保険」といった新商品・新サービスのヒントを得ることができます。このように、少し風変わりな単語や突飛な組み合わせであっても、そこから刺激を得て、さらに議論を進めてみることにより、新しい発想へと結びつくことがあるのです。

4 2軸図

可視化・構造化のための手軽なツール　Two Axis Chart

定性的＆定量的に情報をプロット

　2軸図は、縦軸と横軸で平面を区切り、情報を定性的にプロットするとともに、中心からどれだけ離れているかという配置によって定量的な意味合いをあらわすこともできる可視化ツールです。ブレインストーミングで得られたアイディアやアンケート調査の結果など、多数の情報をチームで整理・分類し、インサイトを得るのにとても便利です。ほかの技法と併用することで、より多角的な分析をおこなったり、創造的な解空間を認識するためにも有効な協創ツールです。

How to use　軸の意味を変えて試行を繰り返す

❶ ブレインストーミングで得たアイディアや調査結果のサンプルなどの情報（を書き込んだ付箋）と、ホワイトボードを用意する。

❷ ホワイトボードに縦軸（垂直の直線）と横軸（水平の直線）を引く。

❸ 縦軸と横軸の意味を設定する。数量的な軸設定（例：大きい←→小さい）だけでなく、定性的な軸設定（例：きれい←→かわいい）も試してみよう。

❹ チームで議論しながら、情報（付箋）を2軸図にプロットする。

❺ 全体を俯瞰して特徴を読み取る。インサントが得られた部分は付箋の色を変えるなどして目立つようにしておく。

❻ 軸の意味を変えて、情報のプロットを繰り返し、さまざまなインサイトを探る。

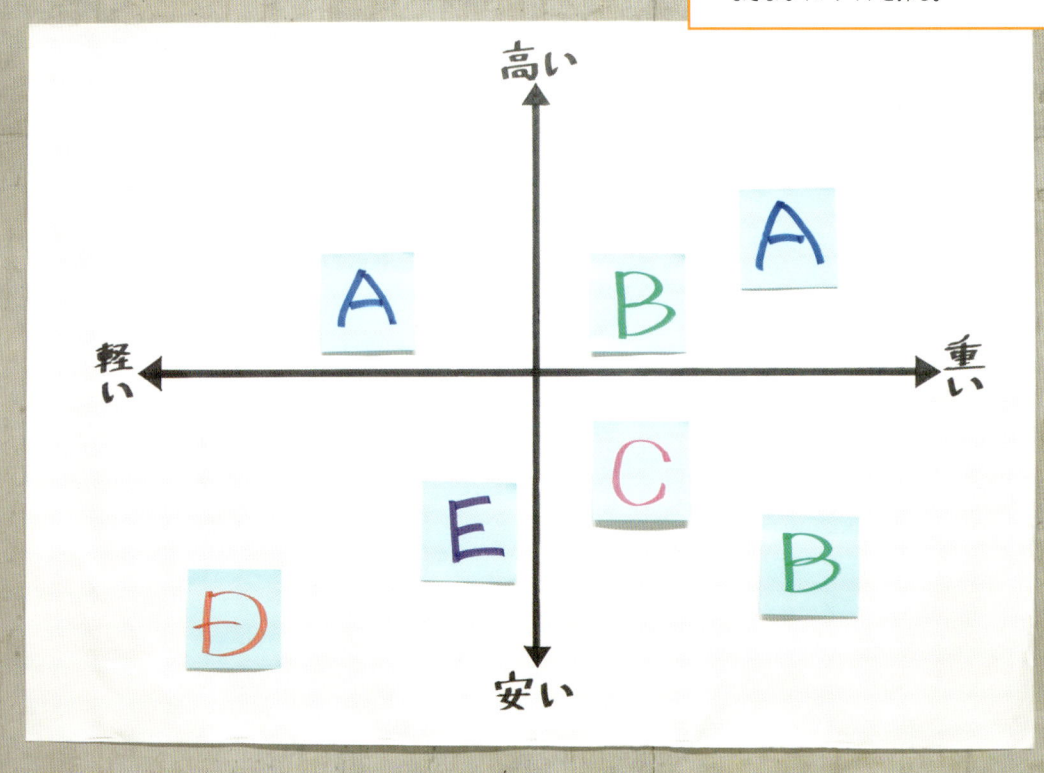

Point!
複数の図を見比べると新たな発見も……

　2軸図を活用するうえでは、縦軸と横軸にどのような意味を持たせるかが重要なポイントになります。あまり特徴がなさそうに思えた情報の集まりが、軸の意味を変えた途端に、顕著な特徴を示すこともあります。複数の2軸図を作成し、並べて眺めると、アイディア空間の広がりを多次元でとらえることができます。

　また、2軸図を作成している時点では気づかなかったことが、時間が経過してから貴重なヒントになることもあるので、作成した図は写真を撮るなどしてすべて保存し、いつでも並べて眺められるようにしておくと便利です。

For example
要介護者を抱える家族の気持ちを可視化

　2軸図は非常にシンプルでわかりやすいツールなので、親和図法などと同様に、たくさんの情報を整理し、全体を俯瞰したいときにとても有効です。

　下の事例は、慶應SDMのデザインプロジェクトで作成された2軸図です。要介護者を抱える家族の欲求をWCAで分析する準備段階として、ステークホルダーの多様な欲求を「自力・他力」「利己・利他」という2軸でプロットしています。介護する側と介護される側の意識の違いや、それを見守る家族や関係者の思いを可視化し、チームで問題点を発見・認識するうえで有益なプロセスになりました。

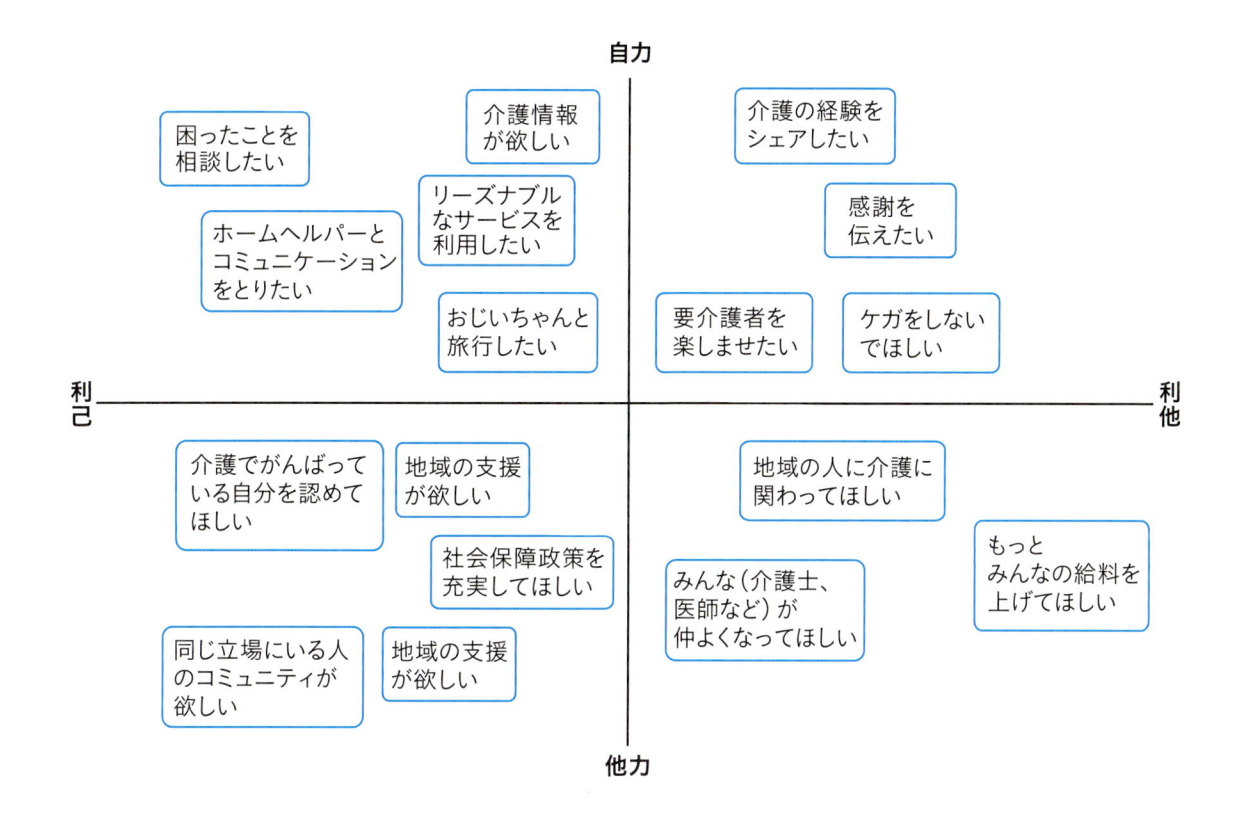

5 「ずらす」ことで固定観念を打ち破る　Structural Shift Ideation
構造シフト発想法

SDMの実践に最適なツール

　常識や定説、固定観念など、発想の妨げとなるバイアスを特定したうえで、概念をシフトすることによって、既存の枠組みを超えた、まったく新しい発想を得ようとする手法です。シフトとは、当然のこととして考えていた目的や条件、変数を「ずらす」ことです。具体的には、親和図法、2軸図、バリューグラフ、因果関係ループ図などの可視化ツールを用いてアイディア群の構造をとらえ、まったく別の分類に放り込んでみたり、属性の評価を反転させてみたりして、元のアイディアの位置づけを大胆に変え、新しい発想に転換したり、新しい気づきを得ます。

　まず構造をとらえたうえで、その構造にとらわれない発想でアイディアをデザインしつつ、そのプロセスを再現可能なかたちでマネジメントするという意味で、システムデザイン・マネジメント（SDM）の考え方を実践に移すのに適した発想ツールと言えます。

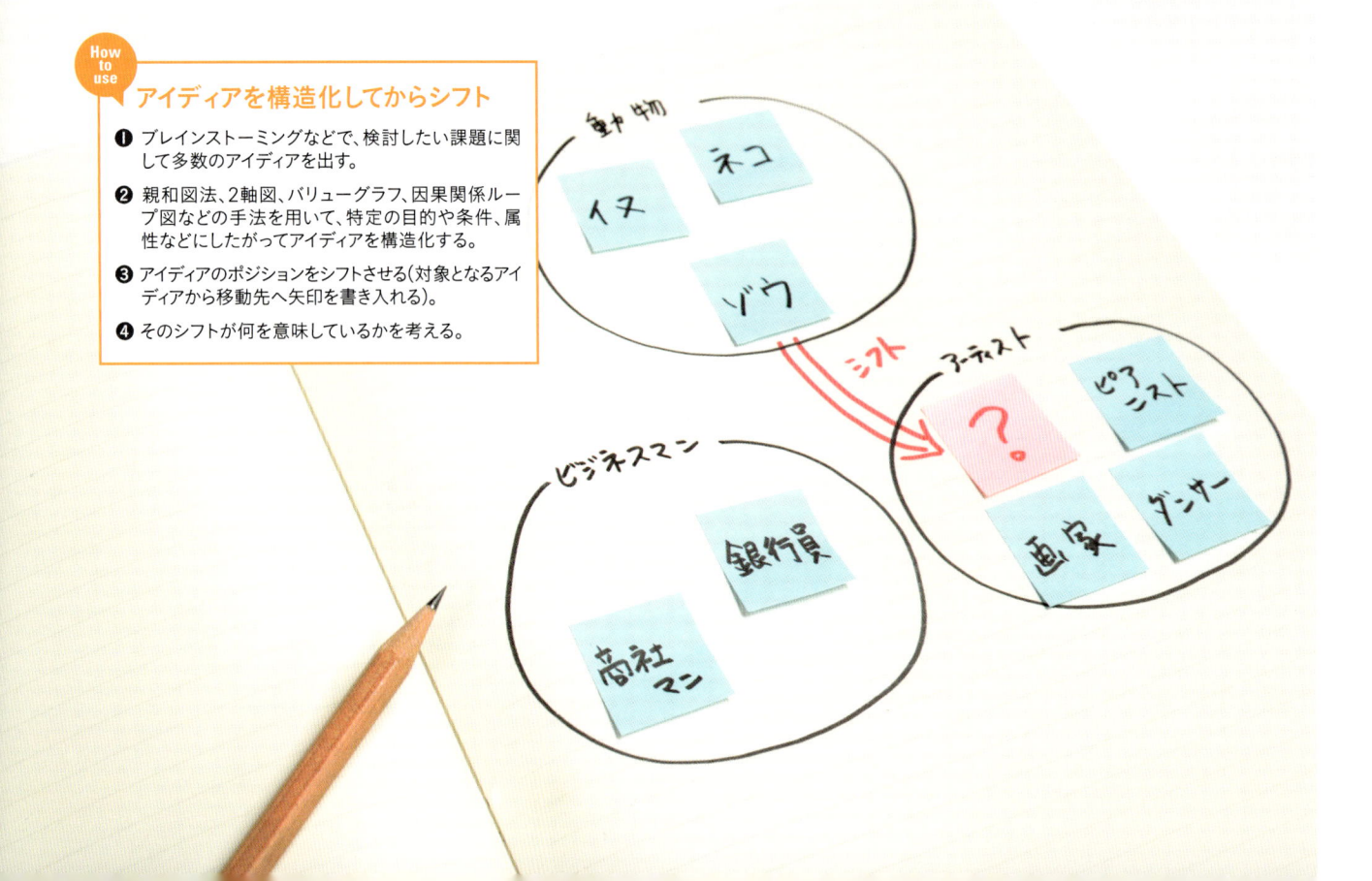

How to use　アイディアを構造化してからシフト

❶ ブレインストーミングなどで、検討したい課題に関して多数のアイディアを出す。
❷ 親和図法、2軸図、バリューグラフ、因果関係ループ図などの手法を用いて、特定の目的や条件、属性などにしたがってアイディアを構造化する。
❸ アイディアのポジションをシフトさせる（対象となるアイディアから移動先へ矢印を書き入れる）。
❹ そのシフトが何を意味しているかを考える。

Point!
「ずらす」ときは大胆に！

構造シフト発想法は、系統立てて新しい発想を生むためのツールですから、まず検討の対象とする物事の構造をシステムとしてとらえることが重要です。本質的な構造を理解していればこそ、ほかの人が思いつかないようなシフトが可能になるのです。

アイディアをシフトするときには、大胆にずらすように心がけましょう。そして、ずらしてみた結果をチームで検討し、そのシフトがなぜおもしろいのか、どれだけのインパクトがあるのかといった点について議論を重ね、メタの気づきを得ることが大切です。ただの突飛なアイディアではなく、イノベーティブなアイディアのタネを探してください。

For example
「楽しみ」を「学び」に変えてみる

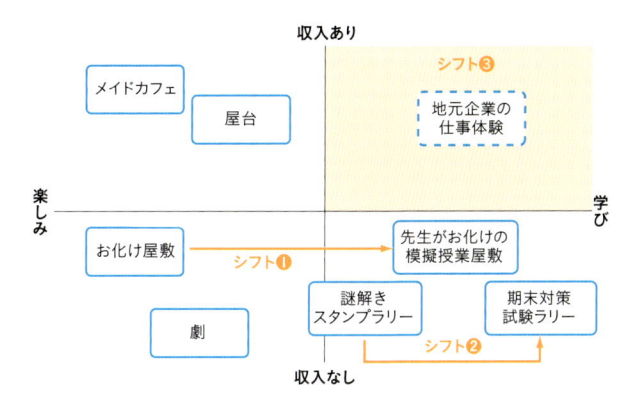

上の図は「新しい文化祭の出し物」をテーマにした2軸図と構造シフト発想法の活用例です。3種類のシフトがあることに注目してください。シフト①は、既出のアイディアを軸をまたいで移動させることによる発想パターンです。もともとは「楽しみ」の領域に属する「お化け屋敷」を「学び」の領域に移すことにより、「先生がお化けの模擬授業屋敷」というアイディアを強制的に発想させています。シフト②は同じ領域のなかで配置を大きく変えることによる発想パターンです。「謎解きスタンプラリー」の学びの要素を強めることにより、「期末対策試験ラリー」を発想させました。シフト③は、もともとの2軸図にはアイディアが存在しなかった領域に新しいアイディアを生み出す発想パターンです。こうした領域は従来の思考の枠外にあるため、まったく新しいアイディアが生まれる可能性を秘めています。この例では、「収入あり」と「学び」を同時に実現できることは何か？と考えることにより「地元企業の仕事体験」という新しいアイディアが生まれました。

構造シフト発想法は、2軸図だけでなく、さまざまな構造化ツールと組み合わせることができます。多くの人が当たり前だと考え、暗黙のうちにとらわれている構造を明らかにし、それを意識的に壊すことでイノベーティブな発想が可能になるのです。

6 フィールドワーク

変えたい「現場」を体感する

Fieldwork

イノベーションが変えるのは「人」や「社会」

イノベーションとは、人や社会に革新的な変化をもたらすものです。フィールドワークは、そうした変化の主体となる人や社会を主観的に体感するために、オフィスや教室から飛び出して相手の活動の現場でおこなう調査・研究です。フィールドワークの目的は、直面している問題や課題の現状を主観的に経験するために、自分たちの意識や認知とのギャップを確認しながら、イノベーション創出に向けた深い理解を得ることです。

フィールドワークの主要なアプローチには、オブザベーションとインタビューがあります。オブザベーションは人々の行動を観察することにより、本人すら気づいていない無意識下の本音や欲求を抽出する手がかりを探り出すことです。インタビューは、会話や質疑応答を通じて、相手の気持ちや考え方を直接的に確認する手法です。このほかにも、図書館で文献を探したり、データベースで情報を入手するような資料集めも、フィールドワークの活動の一環です。

How to use 細かいところまで記録しよう！

❶ 調査対象が存在する現場に出かけ、オブザベーションやインタビューをおこなう。

❷ 見たり、聞いたり、感じたことを、きめこまかく記録する。可能な限り動画・写真・音声で事実を記録し、メモでは事実と解釈を書き分けておく。

❸ 結果を持ち帰り、主観的な理解と客観的な理解を議論し、インサイトを探す。

フィールドワークは準備も大事。スマートフォンで間に合う場合も多いが、必要に応じて道具を調達しておこう

P oint!
データや情報の個性に着目しよう

　フィールドワークは、現場のありのままの様子や生の声に直接触れる貴重な機会ですから、1つひとつの観察結果を大切に扱いましょう。集めたデータを単純に統計処理すると、個別の情報の特徴が見えにくくなります。統計処理は有効な手法ですが、ときには個人のフィルターを通して、客観的な事実と主観的な解釈を織り交ぜて考えることが、オリジナルな発見につながります。

　フィールドワークの最中に直感的な気づきが得られることもありますが、のちに情報を整理したり現場での体験を振り返る際に、イノベーティブなインサイトを得られることが多いものです。その意味でも、事実と解釈を区別しておくことが重要です。これは、フィールドワークに参加しなかったメンバーと有益な議論を交わすときにも役立ちます。

F or example
ステークホルダーがいる現場に出かけよう

　ハマノパッケージの事例（p88）では、顧客やユーザーの自社製品に対する意識を調査するために、問題解決プロセスの要所要所でフィールドワークを実施し、その結果をアイディアやソリューションにフィードバックするという作業を重ねました。まず、貼り箱が使われている現場を観察するために、百貨店の洋菓子売り場に出かけ、洋菓子を売る店員や、洋菓子を買う消費者の目線や行動を観察しました。同時に、直接の顧客である納入先企業の担当者などにインタビューをおこない、貼り箱に対するニーズの再確認を試みました。さらに、新製品のプロトタイプを作成した際には、外国人の感想を集めるために、東京・浅草でインタビューを実施しました。

インタビューは、ステークホルダー（関係当事者）から直に声を聞くことができる貴重なチャンス

7 上位の価値を探して自由度を広げる　　Value Graph
バリューグラフ

ハシゴに登ればもっと遠くが見えてくる

　スタンフォード大学の故石井浩介教授らが開発した価値工学の手法で、製品やサービスの目的や価値（バリュー）を構造的に可視化し、解空間を広げるために用います。私たちは問題解決に際して、あるコンセプトや解決策に飛びつく傾向にありますが、その前に「なぜそうするのか？」という問いを発し、より上位の目的を追求します。「そもそも本質的な目的は何か？」を考えることにより、当然のこととみなしていた思考や行動から離れて、視野を広げることができます。上位の目的が見つかれば、逆方向にその目的を「どのように実現できるか？」と考えていくことで手段の自由度を高め、よりクリエイティブな代替案を検討できます。バリューグラフは、検討対象の上位の目的や価値をあらわす上部と、具体的な実現方法をあらわす下部に分けられます。上部を指して「バリューラダー」と呼ぶこともあります。イノベーション創出の初期段階ではおもにバリューラダーを活用し、解の自由度を高めることが有効です。

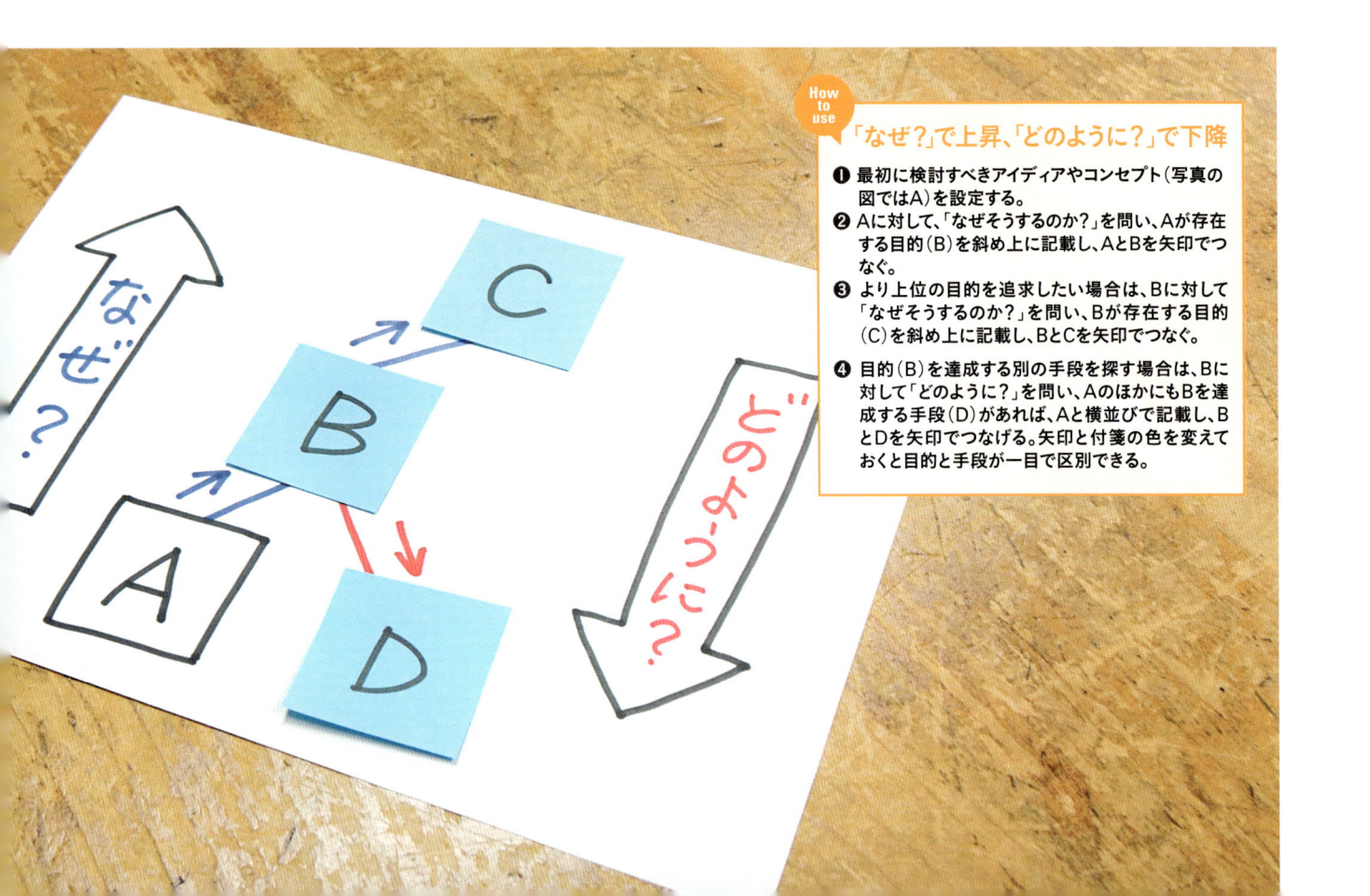

How to use　「なぜ？」で上昇、「どのように？」で下降

❶ 最初に検討すべきアイディアやコンセプト（写真の図ではA）を設定する。
❷ Aに対して、「なぜそうするのか？」を問い、Aが存在する目的（B）を斜め上に記載し、AとBを矢印でつなぐ。
❸ より上位の目的を追求したい場合は、Bに対して「なぜそうするのか？」を問い、Bが存在する目的（C）を斜め上に記載し、BとCを矢印でつなぐ。
❹ 目的（B）を達成する別の手段を探す場合は、Bに対して「どのように？」を問い、Aのほかにもを達成する手段（D）があれば、Aと横並びで記載し、BとDを矢印でつなげる。矢印と付箋の色を変えておくと目的と手段が一目で区別できる。

Point!
ハシゴを降りて目的と手段の関係をチェック

　バリューラダーの狙いは、上位の目的や価値を構造化し、より創造的な発想を促すことです。多くの場合、上位の目的は1つではないので、チームメンバーの多様性を活かしながら議論を重ねて、いくつもの目的を考え出し、それぞれの目的を実現する手段を書き加えてください。これまで考えたこともなかった手段が代替案として登場し、イノベーションへのきっかけになることもあります。ただし、誰かがある手段を考えたとき、みんなが納得するものならOKですが、ここで違和感を覚えるメンバーがいたなら、おそらくバリューがうまく積み上がっていないので、組み直す必要があります。

　バリューラダーは、シンプルな手順で、協働によって上位の目的や価値を検討できるので、チームメンバーの意識を構造的にすり合わせ、個々のメンバーが分担する作業のクオリティを高める効果もあります。

For example
「空冷ファン」の目的は？

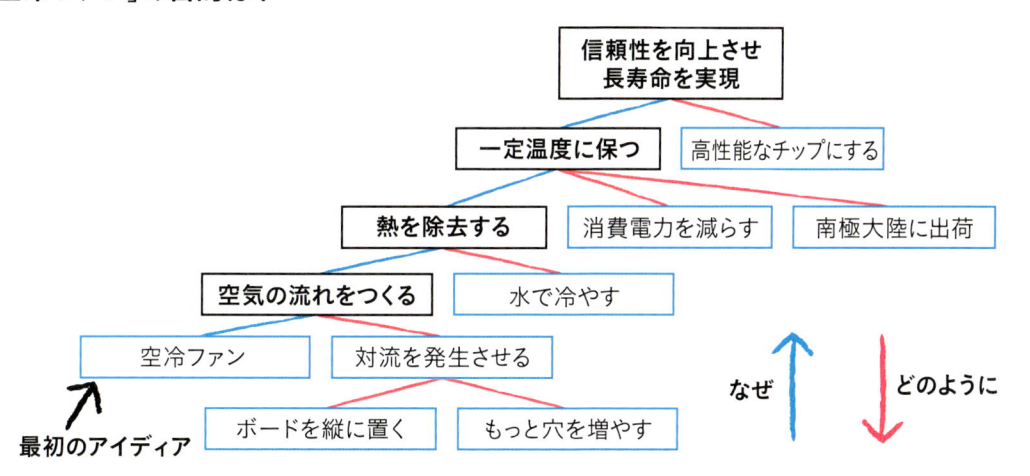

```
                信頼性を向上させ
                長寿命を実現
                    │
            一定温度に保つ ── 高性能なチップにする
                │
        熱を除去する ── 消費電力を減らす ── 南極大陸に出荷
            │
    空気の流れをつくる ── 水で冷やす
        │
    空冷ファン ── 対流を発生させる        なぜ ↑  ↓ どのように
        ↑
    最初のアイディア  ボードを縦に置く  もっと穴を増やす
```

　これは、米国のアップル社の開発チームが、パーソナルコンピュータ「Macintosh」の空冷ファンの価値について議論したときに作成されたバリューラダーの事例です。「空冷ファン」を出発点に、空冷ファンの目的は空気の流れをつくること、空気の流れをつくる目的は熱を除去すること……というふうに上位の目的を考えていった結果、「信頼性を向上させ長寿命を実現」という最上位の目的（本質的価値）が見えてきました。ここまで到達すると、その目的を達成するのに必ずしも空冷ファンを用いなくても、チップの性能を高めるといった別の選択肢が浮上してきます。なかには「一定温度に保つ」ために「南極大陸に出荷」といった現実的でない方法が混じっていますが、こうした突飛なアイディアも許容しながら議論を進めることが、思考の枠にとらわれないという意味でたいへん重要です。

8 「意味のある多視点」を見つける
イネーブラー・フレームワーク
Enabler Framework

何が何を実現しているのか？

あるシステムの全体像を正しくデザインするためには、その対象を複数の視点から多角的にとらえることが重要です。しかし、いくら視点を増やしても、意味のある多視点でとらえなければ本当に実行可能なシステムをデザインすることはできません。

イネーブラー・フレームワークは、確実に機能する「意味のある多視点」を見つけ出すための枠組みです。「上位の視点を実現するのはどういう視点か」というイネーブラー（実現子）の関係に着目して、考えるべき多視点を決めていきます。

たとえば「家」と「土地」の関係を考えた場合、土地がないと家は建てられないので、土地が家を実現するためのイネーブラーとなります。

この技法を使いこなせれば、システムをデザインするときに有効に機能する多視点を設定できるようになります。

How to use　ゴールを実現する視点を探す

❶ 対象となる問題や課題を解決するうえでの「実現したい視点」を設定する。最上位の視点としては、「目的」などがよく選ばれる。

❷ その目的を実現するために必要な視点（たとえば「機能」）を設定する。この場合、「機能」は「目的」のイネーブラー（実現子）である。

❸ 上位の視点を実現するために、さらに下位の視点（たとえば「組織」）を設定する。この場合、「組織」は「機能」のイネーブラーである。

❹ 必要に応じて上記2と3を繰り返していく。

Point!
イネーブラー（実現子）の関係に注目

システムズ・エンジニアリングの分野では、設計のための視点として（1）ふるまい（2）機能（3）物理（ハードウェアとソフトウェア）（4）技術を採用することが多いのですが、これら4つはそれぞれ実現子の関係になっています。「ふるまい」を実現するのは「機能」、「機能」を実現するのは「物理」、「物理」を実現するのは「技術」という具合です。こうした実現子の関係を理解しておくと、複雑なシステムであっても、「何が何を実現しているのか」という関係に沿って、有効に機能する多視点を設定できるようになります。

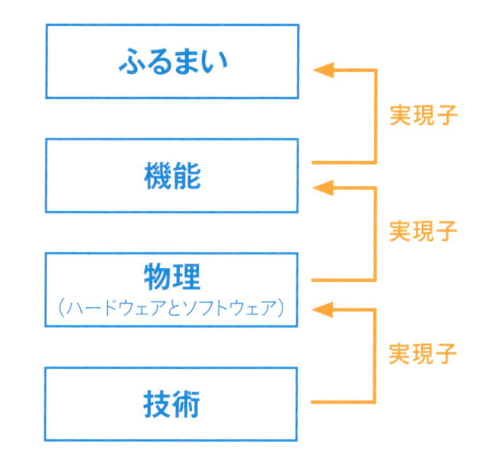

For example
何が「保険金の支払い」を実現しているのか？

日本では、2005年から2008年にかけて民間保険会社の保険金の不適切不払い・支払い漏れが186万件（金額にして1443億円）もあることが発覚し、社会問題となりました。この際、慶應SDMでは「保険金不適切不払いと支払い漏れを防ぐ社会システムをどう構築するか」について共同研究を開始しました。この事例は、イネーブラー・フレームワークを活用し、顧客が保険金を正しく受け取れるような組織システムをデザインしたものです。

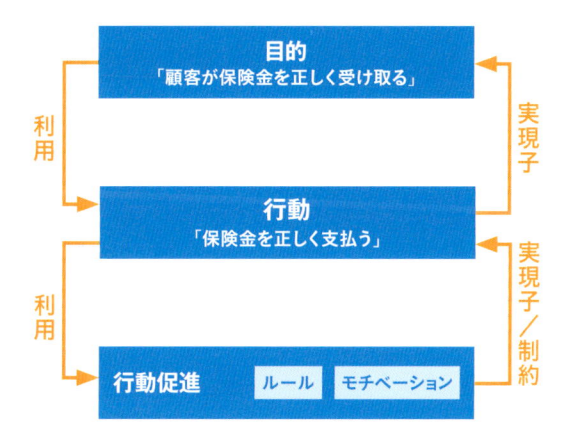

「目的」である「顧客が保険金を正しく受け取る」は、「保険金を正しく支払う」という「行動」がイネーブラー（実現子）となって実現することがわかります。さらに、「行動」を支えるかたちで「行動促進」がイネーブラーとして働いていることが確認できます。「行動促進」は、強制的な行動を促す「ルール」と、自発的な行動を促す「モチベーション」から構成されています。つまり、保険金が正しく支払われるという「目的」の実現には、そのための「行動」、それを促す「行動促進」としての「ルール」と「モチベーション」が必要だということです。このデザイン結果が示唆したとおりに、その後、多くの保険会社が、保険金の適切な支払いとその確認のためのコンプライアンス・ルールを明確化し、スタッフのモチベーションを向上させるための方策を次々と実施に移しました。

9 原因と結果のつながりから問題点を探る
因果関係ループ図
Causal Loop Diagram

因果のフィードバックを可視化する手法

数多くの要素が複雑に絡み合っている状況を、原因と結果という視点から分析する手法です。ある要素が増えたり（減ったり）、強まったり（弱まったり）することが、別の要素を増やしたり（減らしたり）、強めたり（弱めたり）するかどうか——という観点から、要素と要素の関係を矢印とプラス・マイナスの記号で結びループをつくっていくことで、さまざまな因果関係のフィードバックを可視化します。できあがったループのうちどのループの働きが重要なのか、ま

た、ループを構成する要素のうち鍵となる要素（レバレッジ・ポイント）がどれなのかを分析することにより、問題解決のポイントがどこにあるのかを検討することができます。

プロジェクトの初期段階で問題を発見したり、問題の構造を明らかにするのに非常に有効なツールです。もともとはシステム思考において定量的な分析をおこなうために考案された手法ですが、最近では社会科学の分野における定性的な分析にも用いられるようになりました。

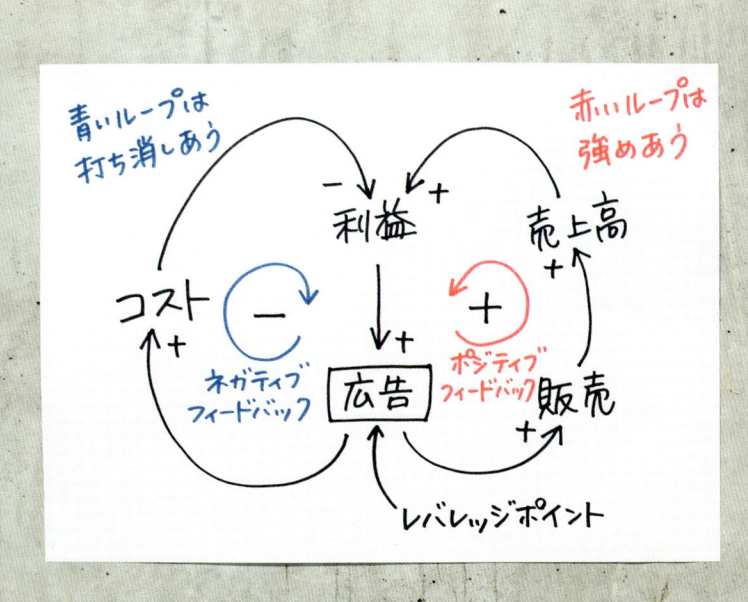

How to use 原因と結果のループを発見しよう

❶ 分析の対象とするシステムや問題、現象を説明する上で必要な要素を洗い出す（付箋に書き込む）。

❷ すべての付箋をホワイトボードなどに貼りつけ、要素を一覧できるようにする。

❸ 複数の要素と因果関係がありそうな要素は中心に、あまり関係がなさそうな要素は端に移動する。

❹ 因果関係のある要素同士を矢印で結ぶ。

❺ その際、原因を強めたときに結果も強化されるというように、変化の方向が同じであれば、矢印の脇に「＋」をつける。原因を強めたときに結果が弱まるという変化が逆の関係であれば「－」をつける。

❻ 全体を見渡し、因果関係が閉じている系（ループ）を見つける。

❼ それぞれのループが、動きを一方的に強める傾向を持つ「ポジティブ・フィードバック（または拡張フィードバック）」なのか、それとも、動きを抑制する傾向を持つ「ネガティブ・フィードバック（またはバランス・フィードバック）」なのか見分ける。見分け方は、ループ内の「－」の数が偶数であればポジティブ・フィードバック、奇数ならネガティブ・フィードバック。ループの中央に方向を示す矢印の輪を描き、ポジティブ・フィードバックなら「＋」か「R」、ネガティブ・フィードバックなら「－」か「B」を書き入れる。

❽ 問題解決の鍵となりそうな要素（レバレッジ・ポイント）を見つけ、ケイ線で囲む。

P oint!
作成者によってループ図は異なる

　チームのメンバーといっしょに、数多くの要素の間の因果関係を考え、ループ図を作成するなかで、問題意識を共有できます。同時に、メンバー1人ひとりが認識している問題の範疇や世界観を知ることができるので、それが次の問題解決プロセスに進むうえでの財産にもなります。人によって、重要だと考えるループやレバレッジ・ポイントは違ってきますから、議論を重ねながら、試行錯誤を繰り返してループ図を描き直して、チームとしての答えを探すことが重要です。なお、多くの場合、大規模な問題や複雑な問題についての認識や判断は人によって違うため、因果関係ループ図も作成者によって異なります。また、社会の状況やチームの認識は時間とともに変わりますから、フィールドワークやプロトタイピングの結果をこまめに反映し、ループ図を更新していくことが重要です。

F or example
「高齢化社会」の因果関係は？

　この例は、日本をはじめ多くの国々で社会が高齢化している現状を踏まえ、状況を改善するための鍵がどこにあるかを因果関係ループ図で検討したものです。

　まずはブレインストーミングで高齢化による問題点を洗い出し、それらを親和図法でまとめ、因果関係を矢印で結びました。赤と青のループがポジティブ・フィードバックで、この2つのループのなかでは「医療技術」と「出生率」がレバレッジ・ポイントであるとの共通認識を得て、問題設定の出発点としました。

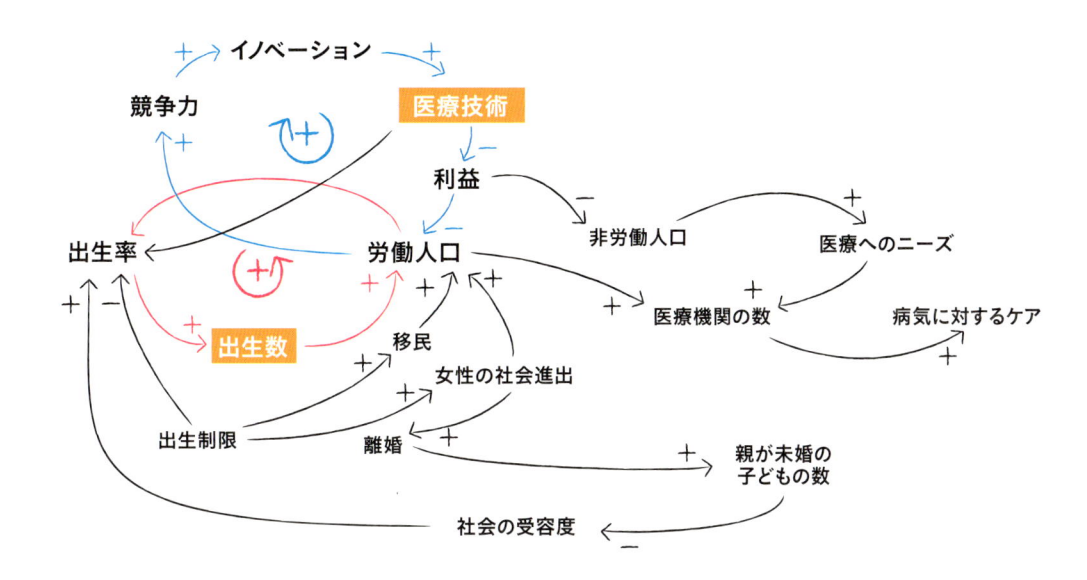

10 バリューのつながりを理解する
CVCA（顧客価値連鎖分析）
Customer Value Chain Analysis

「誰」と「どんな価値」をやり取りしている？

CVCAは、スタンフォード大学の故石井浩介教授らによって提唱されました。検討の対象となる会社や組織が「誰」と「どんな価値」をやり取りしているかというバリューチェーンの視点で、ある製品やサービスをめぐるステークホルダー間の関係を可視化する手法です。アイディア創出の初期段階で、多様なチームメンバーとともに「この人（企業）にとっての価値は何か？」を検討することにより、ビジネスモデルの原型をデザインするために有効です。

How to use 記号やアイコンを上手に使おう

❶ 分析の対象とする製品やサービスに関係する企業や個人（ステークホルダー）をリストアップする。最初は重要度の高いステークホルダーに絞ると図が描きやすい。

❷ 分析対象を中心にして、ステークホルダーを図に位置づける。簡単なイラストを使って、直感的にわかるように表現を工夫する。

❸ やり取りしている価値の種類をアイコンで表現し、価値が流れる方向を矢印で示す。たとえば、お金は「¥」、情報は「!」など。

❹ アイコンで表現しにくい価値は、言葉で記入する。たとえば、企業内の部署間であれば「業務指示」「企画提案」、人間関係であれば「手伝い」「感謝の言葉」など。

❺ 全体を見渡し、ステークホルダー間の価値の流れ（循環が起きているか？　一方通行はないか？）を検証する。

🅟 oint!
価値の「一方的な流れ」に注意！

　CVCAで検討する価値は金銭的なものばかりではありません。もの、サービス、情報など、ステークホルダーそれぞれにとっての価値を吟味することが重要です。そのうえで、ステークホルダー間の価値のやり取りや、バリューチェーンの循環が妥当かどうかを確認してください。とりわけ価値の流れが一方的になっている部分がないかに注意してください。価値を一方的に提供しているステークホルダーや、価値を一方的に享受しているステークホルダーが存在すると、そのビジネスモデルは長続きしません。こうしてバリューチェーンを検討することにより、既存のビジネスモデルの問題点や改善点を発見したり、新たなビジネスモデルの原型をデザインすることができるのです。

🅕 or example
自動販売機のバリューチェーンは？

　CVCAは、新製品開発や新規事業開発にあたってビジネスモデルを点検するのに便利なツールですが、自社のプロジェクトを分析する前に、既存のビジネスモデルを分析してみるのも有益です。すでに成功し、定着しているビジネスモデルであれば、無理のないバリューチェーンが描けるはずです。もしも価値の流れがおかしいと感じる部分があれば、図の描き方に問題があるか、ビジネスモデルに改善の余地があるのかもしれません。この図は、自動販売機のステークホルダーを対象にCVCAを試みた例です。自動販売機メーカーや飲料メーカーといった上流から、下流の消費者まで、バリューチェーンがスムーズに循環していることがわかります。

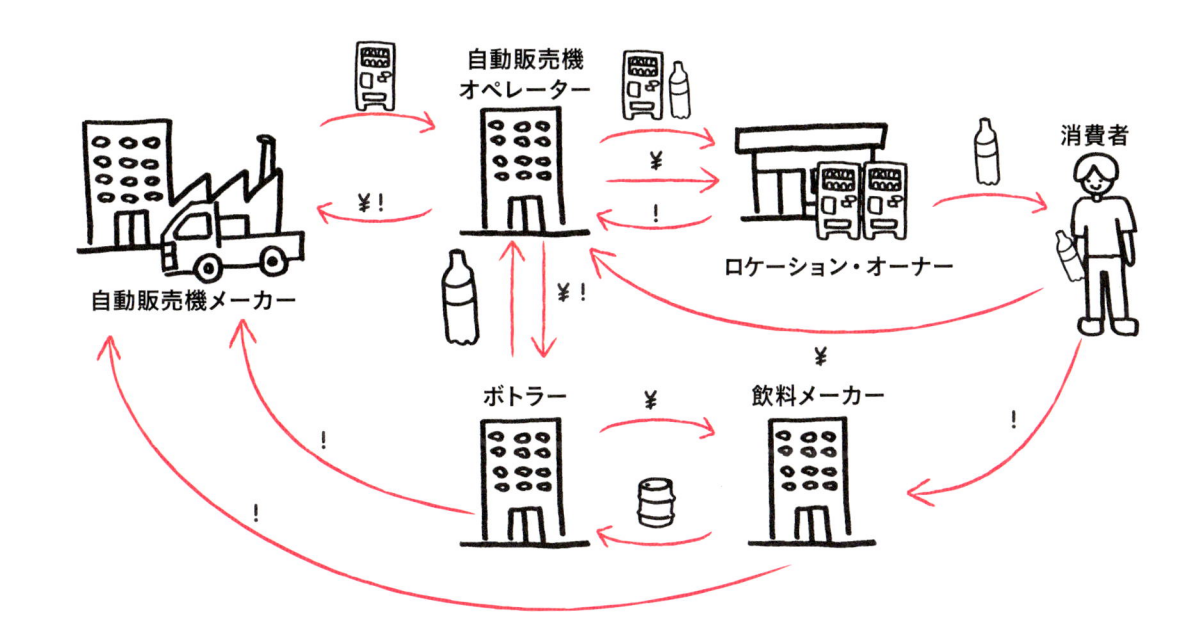

11 心の動きを深く考える
WCA（欲求連鎖分析）

Wants Chain Analysis

「価値」が「満足」につながっているかを検証する

WCA（欲求連鎖分析）は、「人びとの欲求」という観点から、ビジネスモデルや社会システムの分析・設計をおこなう技法です。CVCA（顧客価値連鎖分析）をベースに慶應SDMが開発したもので、CVCAの価値連鎖が本当に満足につながっているかを確認するため、「したいこと」「してほしいこと」のつながり（欲求連鎖）を可視化します。WCAでは、米国の心理学者アブラハム・マズローが定義した「欲求5段階説」にもとづいて欲求を次の5種類に分けます。①生理的欲求（physiological need）②安全の欲求（safety need）③所属の欲求（social need）④承認の欲求（esteem）⑤自己実現の欲求（self actualization）。これらのうちどの欲求が対象となり、その欲求をみたすことが利己的な行為か利他的な行為か、さらには、その欲求を自分でみたすのか、他人がみたすのかという視点を交えながら、ステークホルダー間の欲求の連鎖を多角的に分析します。

How to use：CVCAに「欲求」を落とし込む

❶ CVCAの場合と同様に、検討するテーマに関連するステークホルダーをリストアップする。

❷ ステークホルダー間の価値の流れ（バリューチェーン）を矢印、記号、アイコンで書き込む。

❸ 「欲求マトリックス」を作成し、各ステークホルダーの欲求を分析する。縦軸に動作の主体（自力か他力）、横軸に欲求の対象（利己か利他）を設定し、「誰が誰に何をしたいか（してもらいたいか）」という視点で欲求を分類する。飲食に関するテーマであれば、左上は「自分」が「自分」に何かを食べさせたい——つまり「何かを食べたい」——という欲求になり、右下は「自分以外」が「自分以外」に何かを食べさせてほしい——「誰かが誰かに何かを食べさせてほしい」——という欲求になる。それぞれの欲求は、ハートマークで表現し、「欲求5段階」のどれに相当するかをマークの中に記す（生理的欲求ならPHY、安全の欲求ならSAF、承認の欲求ならESTなど）。また、自力か他力か、利己か利他かを区別するために、マークの色や形を変えておく。

❹ 各ステークホルダーの欲求をあらわすハートマークをCVCAの図に書き込む。

❺ 各ステークホルダーの欲求が、どのような価値で充足されているかを確認する。

ⓟoint!
「利他」の欲求にも注目しよう

　欲求に着目して分析するというアプローチは目新しいものではありませんが、従来の分析手法はもっぱら利己的な欲求（欲求マトリックスの左半分）にもとづくものでした。この点、WCAでは利己的欲求に加えて利他的欲求も対象としているため、分析の幅が広がり、現実の社会や人間関係をより深く掘り下げた分析が可能になります。そこで、WCAの図を検討する際には、それぞれのステークホルダーが何を希望するかという利己の視点だけでなく、自分以外の人が何をされることを希望するかといった利他の視点にも注意を払い、さらに自分で欲求をみたす「自力」なのか、他人に欲求をみたしてもらう「他力」なのかを区別したうえで、各ステークホルダー間のもの、サービス、金銭、情報などのやり取りが、どのような欲求の連鎖にもとづいて成り立っているのかを検討します。

Ⓕor example
「人を助けたい」を利益に結びつける

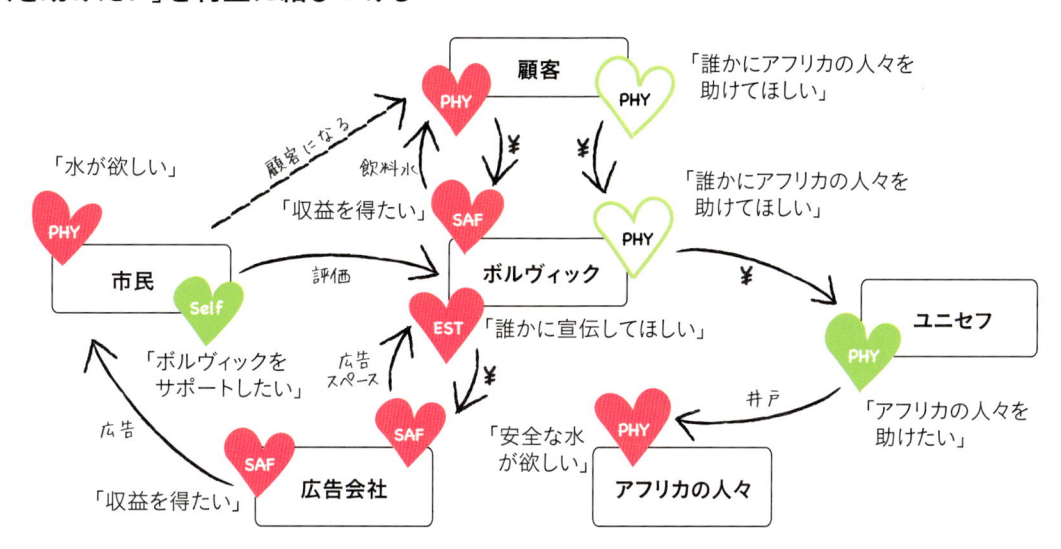

　この事例は、ミネラルウォーター「ボルヴィック」の販売会社が売り上げの一部を日本ユニセフ協会に寄付し、その寄付金がアフリカのマリで井戸を掘削するために使われる「1L for 10L」というプログラムをWCAで分析したものです。自分以外（ユニセフ）が水を提供してアフリカの人々を助けてもらいたいという企業の欲求（利他的欲求）が、清潔で安全な水が欲しいというアフリカの人々の欲求（利己的欲求）を充足し、それが最終的に「収益を得たい」という企業の欲求（利己的欲求）を充足している点に注目してください。このように、ビジネスモデルの設計では、すべてのステークホルダーの欲求を満足させる仕組みづくりが鍵を握っているのです。

12 複数のアイディアを比較検討する
ピュー・コンセプト・セレクション
Pugh Concept Selection

アイディアの選択・分類・統合に有用

　候補となる複数のアイディア（オプション）を定量的に比較することにより、各オプションの特徴を把握するためのツールです。英国出身のエンジニア、スチュアート・ピュー氏が考案しました。必ずしも選択することが目的ではないので、ピュー・エバリュエーション・マトリックスと呼ばれることもあります。大量のアイディアを整理・分類、取捨選択、統合することにより、最終的に優れたソリューションへと収束させていくプロセスで有効です。

How to use 「基準」を決めて1対1で比較する

❶ いくつかのアイディア（オプション）を表の1列目に並べ、そのなかの1つを基準（DATUMと呼ぶ）にする。

❷ 比較をおこなう項目（評価軸）をチームメンバーで検討する。

❸ DATUMとその他のオプションを1対1で比較し、評価軸の項目ごとに検討する。DATUMよりも優れている場合は「＋」、同等であれば「S」、劣っている場合は「−」とする。

❹ オプションごとに「＋」「S」「−」の数を合計する。

❺ DATUMを変更して比較を繰り返す。評価の変化に注目。

❻ オプションや評価軸の組み合わせを変えたり、修正を加えて比較・評価を繰り返す。

↓評価軸	オプションA	オプションB	オプションC	オプションD
項目1	DATUM（基準）	＋	S	S
項目2		S	＋	＋
項目3		S	＋	−
項目4		−	S	＋
項目5		−	−	−

P oint!
「アイディアの特徴」を共有しよう

　この技法は多数のオプションから対（ペア）を選び、優劣を比較しますが、「＋」の数が一番多いからといって、そのアイディアが最適解になるわけではありません。ナンバーワン探しや、単なる取捨選択のアプローチは推奨できません。この技法の意義は、各オプションが評価軸の各項目においてどのような特徴を有しているかを可視化できる点にあります。なんとなく「Aのほうがよさそうだ」といった曖昧な印象を「Aはこの側面でBより優れている」という明確な認識に変え、その認識をチームメンバーで共有することができます。各アイディアの優れている点や劣っている点について考察を深めていくと、新たに優れたアイディアが生まれることもあります。その意味でも、評価軸の選定が重要です。あまり早い段階でQCD（品質、価格、納期）などの具体的な評価項目を設定すると思考が限定されるので、本質的に重要だと思われる評価項目をうまく組み合わせて、思考空間が広がるように工夫してください。

F or example
夏を快適に過ごすためのアイディアを検討

　検討するアイディア（オプション）の数に制限はありませんが、数十個ものオプションを1対1で比較するのは時間的にも労力面でも負担が大きいので、せいぜい10個以内に絞るのが現実的です。アイディアを絞り込む段階で実現可能性や妥当性を重視しすぎると、面白味のないオプションばかりが残ってしまう場合もあるので、できるだけユニークなアイディアも混ぜて、DATUMに設定するような"普通のアイディア"との比較によって、新しい発見が得られるように工夫することも大切です。

　ここで紹介するのは、夏を快適に過ごすための新しいアイディアを見つけようとする試みのなかで、ピュー・コンセプト・セレクションを活用した事例です。「エアコン」をDATUMに設定し、「アイス枕」「風鈴」などといったオプションを、さまざまな基準で比較検討しています。

↓評価軸	エアコン	緑のカーテン	風鈴	アイス枕	扇風機
エネルギー消費量	DATUM（基準）	＋	＋	＋	＋
コスト		＋	＋	＋	＋
環境への影響		＋	＋	＋	＋
デザイン		＋	＋	－	S
使い勝手		－	＋	＋	S
効率性		－	－	－	－
安全性		＋	＋	＋	S

13 プロトタイピング

アイディアをカタチにする

Prototyping

頭でなく「手で」考える

アイディアを可視化しながら、「手で」考えたり、チームやユーザーの共感を引き出す際に有効な手法です。一般に「プロトタイプ」というと、新製品を開発するときの試作品といったイメージが強いのですが、慶應SDMでは、より多様な目的でプロトタイピングを活用しています。その目的は（1）つくってみることでアイディアを実感し、よりよくしていくためのプロトタイピング（2）顧客やユーザー、チームメンバーとの間で共感を得るためのプロトタイピング（3）最終的な製品やソリューションを検証するためのプロトタイピング、に大別できます。

アイディアが物理的なものを含む場合は、紙や粘土、おもちゃのブロックなどを用いて、実際に触れられるカタチをつくります。アイディアが無形の場合はスキット（寸劇）やビデオなどで表現し、内面に訴えかけます。相手の五感や感情による反応を促し、アイディアに対する明示的・暗示的なフィードバックを得ることが重要です。

How to use 確認したい点と改善したい点を絞る

1. アイディアがある程度まとまってきた段階で、確認したい点と改善したいポイントを絞る。
2. 身近にある素材や道具（紙や粘土、おもちゃのブロックなど）を用いて有形のカタチ（プロトタイプ）をつくる。
3. 有形のものではなく、無形のコンセプトやサービスを表現する場合には、スキットやビデオ、スライドなど、ストーリーを表現する手段を検討する。
4. 共感を得たい相手（顧客、ユーザー、チームメンバーなど）に有形のプロトタイプを見てもらう。あるいは、ストーリーを聞かせたり、スキットを演じる。
5. 自らの気づきや他人の反応・感想にもとづいて、アイディアの修正・変更をおこない、次のプロトタイピングへと進む。

P oint!
完成度は求めず、早い段階でつくってみる！

　プロトタイピングでは、何のためにアイディアをカタチにするかを明確にしておく必要があります。「誰に」向けて、「何を」感じてもらいたいために、「どのように」カタチを表現すればいいのかという認識を、チームのメンバー全員が共有したうえで作業に着手するのです。制作にあたっては、はじめから完成度の高さを求めるのではなく、手早く何度もつくってみて、チーム内外の人に見てもらい、インサイトを得ることを重視してください。また、プロジェクトの早い段階から何度もおこなうことも重要なポイントです。製品の最終段階で顧客に試用してもらうプロトタイプも重要ですが、初期段階のアイディアに対して、チームのメンバーなどからフィードバックを得てアイディアを改善したい場合にも、プロトタイピングは非常に有効なツールです。

F or example
健康で美しく暮らすための工夫

　ここで紹介するのは、慶應SDMのデザインプロジェクトで作成されたプロトタイプの例です。左の写真は、健康で美しく暮らすための工夫として「ドリームコントロール」というアイディアを考案し、心地よい夢を見るための装置を表現したものです。子どもが遊んでいた組み立てブロック（LEGO）を利用して、みんなが直感的にわかるようなカタチに仕立てています。右上は、インダストリアル・デザイナーの田子學氏による出題「視覚を助けるもの」を学生たちがプロトタイプしたものです。ダチョウのような目で遠くが見える器具、目が休まるツボおし器、カップルで視覚が共有できるメガネ、健康情報が見えるメガネ、などのプロトタイプが発表されました。指に数字のついたものは「新しい時計」を表現したプロトタイプです。チームのメンバーが、半日間この状態で過ごした結果、「意外と邪魔にならない」「親指は少し見にくい」などの気づきを得られました。

14 手書きの図

もっとも簡単かつ効果的な可視化ツール

Hand Drawn Diagram

パソコンを使うより手軽で、発想がどんどん広がる

　図、記号、文字などの情報を紙面やホワイトボードに手で書いて表現する方法です。手軽に、素早く、コストをかけずにアイディアを可視化できます。

　プロジェクトの初期段階では数多くのアイディアを検討し、再構築する必要があるため、1つひとつをパソコンやタブレットに入力するよりも、手書きのほうが効率的です。「自分の手で書く」という行為によって、アイディアをカタチとしてチームのメンバーと自分自身に印象づけることができます。

　また、図を介することで「人対人」の構図が「人対図対人」に変わるため、お互いの意見を建設的にすり合わせることが容易になります。手書きの図は、「方向」「大小」「多少」などといった定量的な情報を含みながら、「つながり」「発展」などの定性的なニュアンスも自在に表現できるので、チームでアイディアを検討し、改善するのに非常に有効です。

How to use
みんなで加筆してアイディアを発展させる

❶ 模造紙、ホワイトボードなどを用意する。スペースが広く、図を大きめに描けるものが望ましい。
❷ 黒、赤、青、緑など何色ものペンを用意する。
❸ 議論するアイディアやコンセプトを設定する。
❹ 1人がアイディアを大ざっぱに図解する。図の要素の属性、特徴、性質などに応じて色分けし、みんなが直感的に理解しやすいように描く。
❺ 図示された内容を検討し、ほかのメンバーが加筆・修正していく。
❻ 何らかのインサイトが得られたり、思考が行き詰ったら、新たに描き直してみる。いったん描いた図は日付を書き込み、現物で保管するか、写真を撮っておき、再び閲覧できるようにしておく。

🅟 oint!
内容が伝われば下手でも大丈夫

　手書きの図の利点の1つは、アイディアを手っとり早く可視化できることにあります。作品ではないのですから、「きれいに書こう」「ていねいに書こう」とするよりも、何を伝えたいのかを重視しましょう。チームのメンバーが理解できるのであれば、下手でも雑でもいいのです。図に加筆・修正をおこなうときは、遠慮せずに積極的に書き込んでいくことが重要です。他のメンバーの参加によって、図がどんどん変化していくと、思いがけないヒントが得られる場合があります。また、みんなで作成した図は、現物を保存したり、写真を撮っておくなどして、いつでも取り出せるようにしておきましょう。後々、「あのときの、あの図の……」といったように、アイディアが結びついたり、問題解決の助けになります。

🅕 or example
位置関係やカタチを手早く表現

　慶應SDMのデザインプロジェクトでは、問題解決の初期段階から手書きの図を多用します。図には、文字では説明しきれない情報が含まれています。図はプロトタイピングの一種でもあるのです。何かのアイディアやコンセプトを思いついて、チームのメンバーに説明するときには、とにかく可視化してみて、その場で共感や批判をもらうことが重要なのです。ここに掲載したのは、東京の新橋・虎ノ門・愛宕地域の街づくりのコンセプトを色分けしたエリアマップと、快適な睡眠をサポートする「装着型プラネタリウム」のコンセプトのイラストです。

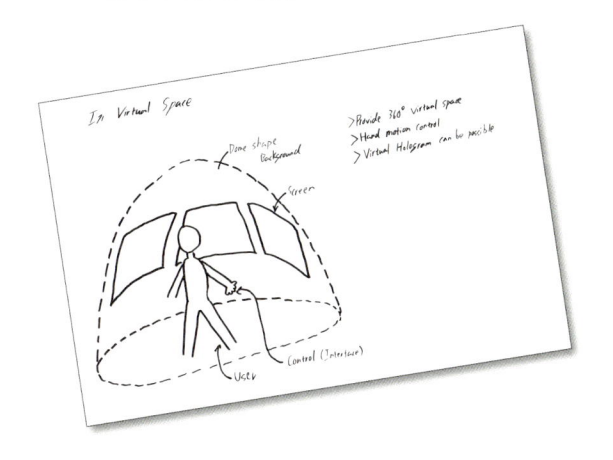

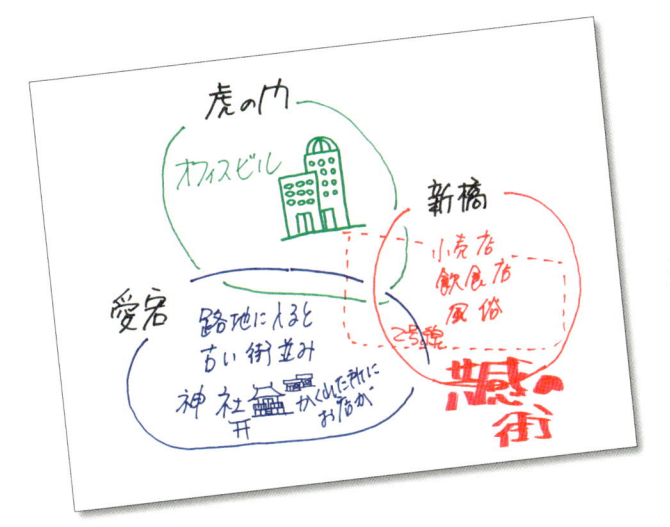

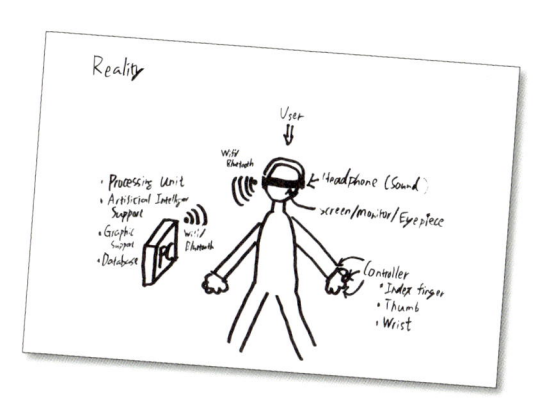

15 ストーリーテリング
「物語」で共感を引き出す

Story Telling

直接的なフィードバックを得たいときに有効

アイディアやコンセプトを具体的なストーリーに変換し、話して聞かせたり、演じることで、チームのメンバーやオーディエンスと共有するための手法です。

具体的には、ステージでスキット（寸劇）を演じたり、撮影したムービーを上演したり、絵や粘土でイメージを演出することで、自分たちが訴えたいアイディアやコンセプトをストーリーとして体感してもらいます。スライドを使った一般的なプレゼンテーションに比べて、メッセージがダイレクトに伝わりやすく、共感が得やすいため、相手の率直な反応を確認したいときにはたいへん有効です。

理念や文化や知識を共有する有効な手段として年々注目度が高まっており、すでにIBM、ゼロックス、世界銀行などの世界的な企業・組織で活用されています。

慶應SDMでは、ストーリーテリングはプロトタイピングの一形態であると考えています。

How to use
「誰」に「何」を伝えたいか？

1. ストーリーのテーマを決める。
2. 相手に伝えたいことを明確にし、それを伝えるための具体的な状況設定、登場人物、表現を考える。
3. ストーリーの展開を点検し、オープニングからエンディングまでの流れをつくる。
4. リハーサルをおこない、ストーリーの流れが妥当かどうか、無理な展開がないかなどをチェックする。
5. 全体像を意識しつつも、見られることを意識しすぎず、伝えたいことを実感しながら演じる。
6. 本番でオーディエンスの反応、その後のフィードバックを受け、アイディアの改善に取り組む。

ⓟoint!
メッセージが伝わりやすい物語を考えよう

　ストーリーテリングで重要なのは、相手に理解し、共感してもらえる物語を組み立てることです。そのためには、訴えたいポイントを十分に絞り込み、相手の目線からシナリオの構成や流れを検討する必要があります。ここでは、映画『ゴッドファーザー』などの製作に携わった脚本家シド・フィールドなどが提唱した「ハリウッド映画のスリーアクト・ストラクチャー」——3つの場面をプロットポイントで転換させることによってオーディエンスの興味を引きつけながらメッセージを印象づける脚本パラダイム——などが参考になります。

　プレゼンテーションのような発表の場で何かを実演する際、一般にオーディエンスは興味を持って見守ろうとしてくれます。とはいえ、あまりに表現が稚拙だったり、ストーリーが難解だったり、独りよがりの主張が強すぎたりすると、オーディエンスの気持ちが離れてしまいます。実演の前には、入念にストーリーの組み立てを点検し、何度もリハーサルをおこなうなどしてパフォーマンスの精度を高めることが推奨されます。他方で、意図的に即興のシーンを盛り込み、思いがけない気づきを期待することもあります。

テーマの作成
登場人物の決定
ストーリーの構成

Act 1 発端　＞　**Act 2** 中盤　＞　**Act 3** 結末

プロットポイント1
例：桃の中から桃太郎が誕生

プロットポイント2
例：桃太郎が鬼退治に旅立つ

ⓕor example
利他的な「ありがとう」を演じてみる

　ストーリーテリングの目的は、相手にアイディアをわかりやすく伝えることですから、テーマや状況によって表現方法はさまざまです。ここで紹介するのは、いずれも慶應SDMのデザインプロジェクトの例です。左の写真は、新しい街づくりのコンセプトである「未来の道」を表現するにあたって、実際に街を歩いている場面をスキットの形式でオーディエンスに訴えている様子です。あらかじめ聞き手を意識して、「○○さんが……」といった固有名詞を織り込むことで共感を強める工夫を凝らしました。

　右の写真は、2013年12月の未来デザイン会議での実践例です。利他的な「ありがとう」をビジネスモデルにするため、スーパーなどで、親切にしてくれたレジ係に対して顧客がありがとうのポイントを与え、それを集計してマネタイズすることで、従業員のモチベーション向上をはかるというモデルをストーリーとして演じている場面です。

16 即興 ― 体験を共有して相手の心をつかむ

Improvisation

演じることでメッセージを共感できる

　発表の場でスキット（寸劇）などを演じて、相手との体験の共有という一時的なコミュニティの形成を通じて、こちらが伝えたいメッセージや価値のインパクトを強める手法です。

　なお、慶應SDMでの即興は単なるショーではありません。演者自身も製品やサービスの特徴や効果を実感することで、アイディアの改善につなげるプロトタイピングの一種ととらえています。

　即興の代表的なスタイルに、プレイバックシアターとエレベーターピッチがあります。プレイバックシアターとは、もともとは米国の劇団プレイバックシアター・カンパニーが導入した即興演劇で、観客の語ったストーリーを役者が即興で再現し、会場にいる全員が体験を共有することを目的とします。エレベーターピッチは、エレベーターに乗り合わせた相手を説得できるほど、短時間のうちにメッセージを伝えるスキルです。

How to use ― 言いたいことを30秒に詰め込む

プレイバックシアター
1. 顧客などに、あるテーマや課題についての体験談を語ってもらう。
2. その人のストーリーと感情（どんな場面でどう感じたか）をもとに、チームのメンバーが状況と登場人物を設定し、即興で演じる。

エレベーターピッチ
1. 自分たちが伝えたいことを1分程度の短時間で検討する。
2. 本当に伝えたい項目だけに絞り込む。
3. 何がウリで、ほかとどう違うのかを、わかりやすい言葉であらわす。
4. 頭の中で、30秒程度で伝えられる文字数（200〜250文字程度）に台詞をまとめ、相手に語りかける。

🅿 oint!
即興でも「準備」が大事

　即興は、会議やプレゼンテーションなどの場でメッセージを伝える手段としても効果的ですが、イノベーション創出のプロセスにおいてテーマに対する理解や認識の相違を確認する手段としてもたいへん有効です。たとえば、あるアイディアをスキットで表現しようとするとき、事前にチームメンバー同士が十分に議論を重ねていれば話がスムーズに運びますが、テーマに対する理解が不十分であったり、認識にずれがある場合には、会話や動作がチグハグになってしまいます。言い換えれば、アイディアの本質をチームで共有しておけば、チームで同じ方向を目指して行動することが可能になるということです。

　この「アイディアの本質を共有する」という要素は、チームで問題解決などのプロジェクトに取り組む際には非常に重要です。そのためにも、アイディエーションの要所要所で意図的に即興的なアクティビティをおこない、チームの共通認識を確かめることは有意義です。

🅵 or example
「エスカレーターピッチ」で生まれたアイディアが商品に

　慶應SDMのデザインプロジェクトのなかでも、自分のアイディアを手短かに相手に伝える訓練としてエレベーターピッチを使っています。この写真の事例は、エレベーターピッチをエスカレーターに応用した「エスカレーターピッチ」です。2人がペアを組み、エスカレーターに乗ってから降りるまでの数十秒間のうちに、自分のアイディアを相手に伝えます。頭に浮かんだ発想をいかに整理し、簡潔でわかりやすく、相手の興味をひくようなメッセージに仕立てられるかどうかが成否を左右します。実は、この演習のなかで語られたアイディアの1つが、のちに清涼飲料「鎌倉戦隊ボウ・サイダー」として製品化されました。製品化の費用は、地元企業の協賛や寄付、クラウド・ファンディング（ネットを通じて小口の寄附を募る資金調達の仕組み）でまかなわれ、幼稚園など学校を回る防災教室、防災関連イベントでの啓発活動とともに配布・販売されています。ボウ・サイダーという商品名は「防災（ぼうさい）」と「サイダー」を組み合わせたもので、鎌倉の子どもたちに「地震が起きたらまず逃げる勇気」をアピールするための防災啓発飲料を利用した地域コミュニケーション商品です。このボウ・サイダーのアイディアは、2013年12月に開催された「未来デザイン会議」において、社会を変えるイノベーションとして高く評価され、グランプリを受賞しました。

イノベーション・プロセスの現場
デザインプロジェクトと企業での活用事例

世界的に注目を集めるプロジェクトベースの問題解決メソッド

ここからは、システムデザイン・マネジメント（SDM）のケーススタディです。企業などが直面する課題や問題を解決するために、システム×デザイン思考や各種の技法をどのように活用してアイディアを発想し、ソリューションへと結びつけていくかという具体的なプロセスを見ていきます。

まずは、慶應SDM「デザインプロジェクト（DPro）」から3つの事例を紹介します。DProは、慶應SDMが取り入れているプロジェクトベースの教育プログラムです。実在の企業・団体（プロポーザー）からいただいた「お題（プロポーザル）」に対して適切なソリューション（解決策）を提供するために、システム×デザイン思考を駆使しながら、新しい価値の発見や既存の価値の変化を繰り返し、新しいプロダクトやサービスをデザインする取り組みです。なお、ここで紹介するソリューションは、あくまでも提案であり、実際にプロポーザーが導入しているものではありません。

DProは、米国のスタンフォード大学、マサチューセッツ工科大学（MIT）、オーストラリアのアデレード大学と慶應SDMとの協同プロジェクトとして発足しました。MITのテクノロジーベースの思考、アデレード大学のシステム思考、スタンフォード大学のデザイン思考を融合させ、マネジメントすることにより、幅広い社会システムをデザインする試みです。現在では、慶應SDMがプロジェクト全体の進行を主導し、国外の大学から教員を招聘して集中講義を実施するというカタチで進行しています。

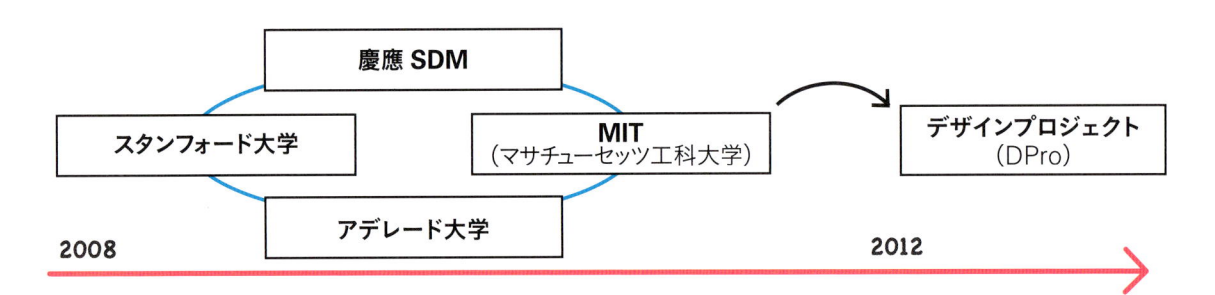

直面する課題に実現可能なソリューションを提供

DProは、半年間にわたって進行する3つのフェーズから構成されています。第1フェーズでは、SDMの手法や方法論を実践的に学び、現実の課題に対する解を提示するための基礎知識を身につけます。

第2フェーズから、企業などからいただいたプロポーザルに、SDMの知識を適用するプロセスが始まります。プロポーザルとは、目先の問題ではなく、従来の戦略・戦術の延長で考えていては解決にたどり着けないような課題です。多様なメンバーから構成されたチームごとに、現状の認識と問題の把握をおこない、解決の糸口を探ります。

第3フェーズは、実際に問題解決に取り組み、プロポーザルの解決策として提案できる解をシステムとしてデザインします。SDMの技法を活用しながら、必要ならば、自らのチームで考案した手法を駆使するなどして、プロポーザーの求めに応え、社会にイノベーションを起こすようなソリューションを創造します。

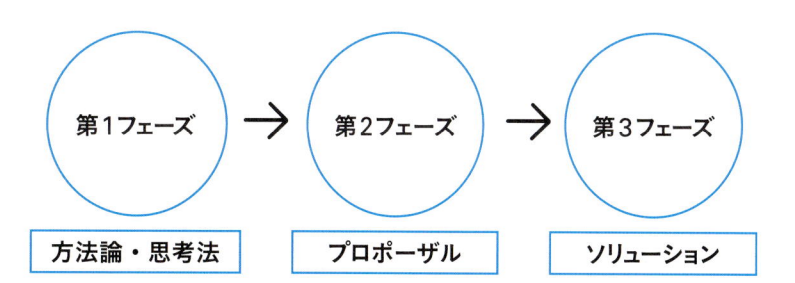

DProでは、SDMのさまざまな手法を駆使してアイディアの発散と収束を試み、フィールドワークとプロトタイピングによる評価と検証、共感と再発見をおこなうというプロセスを繰り返します。こうしたプロセスのなかで、DProのチームメンバーは幾度となく発見や気づきを得る一方で、挫折や行き詰まりを経験し、乗り越えながらも、新しい価値を実現するためのソリューションを手繰り寄せていくのです。

第1フェーズ → 第2フェーズ → 第3フェーズ

方法論・思考法　プロポーザル　ソリューション

SDMが創造するビジネス・イノベーション

DProのケースに続いて、慶應SDMの教員や修了生などが協働して、実際の企業活動の一環として取り組んでいるイノベーション・プロセスの事例を見ていきます。

慶應SDMで基本知識を身につけた学生のなかには、所属する企業や組織の実務のなかでシステム×デザイン思考を活用し、問題解決や新規事業開発に取り組んでいるイノベーターが少なくありません。自ら考案したアイディアを実現するために、起業家として立ち上がった人たちもいます。そうした実社会でのSDMの活動のうち、すでに製品やサービスとして実現したケースや、もうすぐ花開こうとしているケースをいくつか紹介します。

他方では、慶應SDMの教員・スタッフは、学生の教育指導と併行して、提携企業などからの依頼に応じてコンサルティング活動をおこなっています。DProのような教育プログラムと異なり、プロフェッショナルとしての立場から、より実践的で実現可能性の高いソリューションを提示した事例として参考にしてください。

UR都市機構・日建設計総合研究所

巨大再開発エリアの魅力を探せ！

プロポーザル 環状2号線を中心とした再開発が進行するなかで、新橋・虎ノ門・愛宕エリアの潜在的な魅力を発掘し、今後20〜30年にわたる「街のユーザー」のニーズを提示し、エリアの価値を向上させる提案を求める。

▶▶▶ 都心の一等地なのに個性が……

現在、新橋・虎ノ門・愛宕エリアでは巨大な再開発プロジェクトが進行しています。皇居を中心に都心の中央部分を取り囲む環状2号線の拡張工事の一環として、湾岸の汐留地区から新橋を抜けて虎ノ門へと至る幅40m、長さ1.35kmの未開通区間（通称「マッカーサー道路」）の整備と、地上52階建ての超高層複合ビル「虎ノ門ヒルズ」の建設工事が進められています。

「六本木ヒルズ」や「東京ミッドタウン」と並び、新時代の東京を代表する再開発エリアとしての期待が高まっているのですが、その一方で、事業関係者にとって少し気がかりな側面も見え隠れしています。それは、エリア全体としての個性や魅力がいまひとつ明確でなく、六本木や銀座、秋葉原などといった隣接エリアと比べて一般的な知名度が低いことです。

そこで、新橋・虎ノ門・愛宕エリアでまちづくりを進めるUR都市機構（独立行政法人都市再生機構）東日本都市再生本部は、都市計画コンサルタントの日建設計総合研究所とともに（以下、URと略記）、デザインプロジェクト（DPro）のプロポーザルとして「新橋・虎ノ門・愛宕エリアの個性と魅力を高めるための方策」を提示しました。URが投げかけた問いの1つは、「街のユーザー」は誰か？　そのニーズはどこにあるのか？　というものでした。そして、街のユーザーのニーズを満たすために、どのような仕掛けや工夫を施こすべきかという、具体的なソリューションを要望したのです。

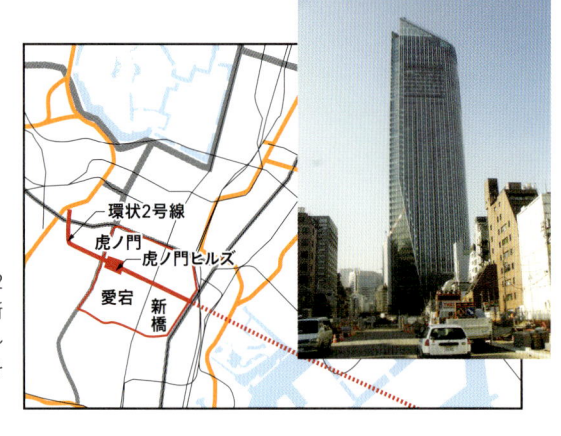

湾岸方面から環状2号線がエリアを横断し、中心に超高層ビル「虎ノ門ヒルズ」がそびえる

1. ブレインストーミング　2. 親和図法
3. シナリオグラフ　　　4. 2軸図
5. 構造シフト発想法　　6. フィールドワーク
7. バリューグラフ　　　8. イネーブラー・フレームワーク
9. 因果関係ループ図　　10. CVCA
11. WCA　　　　　　　12. ピュー・コンセプト・セレクション
13. プロトタイピング　　14. 手書きの図
15. ストーリーテリング　16. 即興

ソリューション

情報の上を歩ける街　Michi

「物理的に道を歩く」を「情報のMichiを歩く」と同意義に変える仕組み。歩行者に働きかける自然な流れで、街の歴史、文化、ニュース、エンターテインメントなどの独自情報をピンポイントで発信・提供し、楽しみながら回遊してもらう。

▶▶▶ 徹底的なフィールドワークと情報の可視化で「街」を体感

　URのプロポーザルに対して、DProチーム「UR Dark Horse」が最初に取り組んだのは、徹底的なフィールドワークでした。チームメンバーが現地を歩き回り、写真を撮り、図書館やデータベースなどから地域の資料やデータを集めるという作業を繰り返しました。併行して、地域住民などで構成される有識者会議のメンバーに取材して再開発に対する地元の意識を確認したり、お年寄りから街の移り変わりに関する話を聞いたりしました。

　次に、集めた情報についての共通の認識を得るために、「手づくりの地図」を作成しました。具体的には、インターネットの地図情報をA3用紙に拡大印刷し、貼り合わせてタタミ3畳くらいの大きな地図をつくり、オフィス、店舗、病院などの属性ごとに蛍光マーカーで色分けしていったのです。自分の手で色分けの作業をおこなうことで、エリアごとの細かな特徴や違いを直観的に体感できるようになるのです。こうしてDProチームは、長年にわたり再開発に携わってきたステークホルダーにキャッチアップするために大量の情報を集める一方、それらを「異人」の視点から分析し、新しい気づきやアイディアを得るというアプローチで、初期段階のプロジェクトを進めていきました。

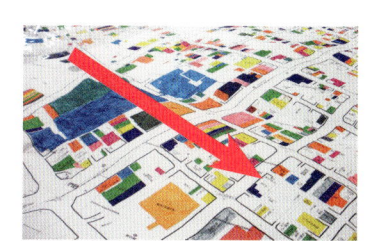

エリア内の建物を属性ごとに色分けした「手づくりの地図」

デザインプロジェクト	ロードマップ	
フィールドワーク	ステークホルダーを知る	UR担当者
		有識者メンバー
		協議会メンバー
	要求を再認識する	プロポーザルの再確認
	想いを知る	ヒアリング実施
アイディエーション	現状を知る	開発地区の現状を可視化
	周辺地域を知る	六本木・丸の内・八重洲エリアを知る
プロトタイピング	将来像を検討する	特徴を知る
	新しい価値を表現する	その価値を定める
評価・検証	新しい価値を検証する	課題を確認する
		修正する
	新しい価値を設計する	機能を定義する

プロジェクトの前半はフィールドワークに時間を割き、「街を知る」ことに重点を置いた

▶▶▶ 街のユーザーとニーズを探る

「街のユーザーとニーズは？」という問いに答えるために、DProチームはどのような人たちが何を求めているのかを検討しました。調査によれば、このエリアの居住者は5800人程度ですが、昼間人口は15万人を超えています。大多数のユーザーが企業などに勤務しているサラリーマンです。2014年夏に虎ノ門ヒルズが開業すれば、さらに1万人のサラリーマンが増えることが見込まれます。

そこでバリューグラフでは、まず「サラリーマン」の視点を設定し、彼らがこの街に、何を求めているのかを突きつめました（図）。次に、サラリーマンを主要な顧客とする「飲食業者」という視点を重ねてみると、「幸せのため」という究極の目的に達する過程で「共感を得たい」「リフレッシュするため」といった共通の目的が存在することがわかりました。こうした点への配慮が、街の魅力づくりに欠かせないという気づきが得られたのです。

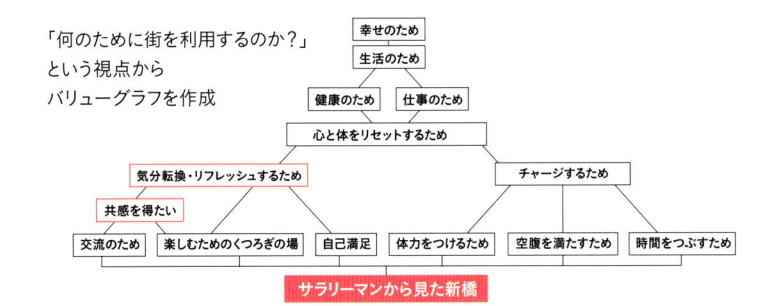

「何のために街を利用するのか？」という視点からバリューグラフを作成

▶▶▶ 新橋・虎ノ門・愛宕は東京ディズニーシー！？

愛宕山は「インディ・ジョーンズ・アドベンチャー」の神殿と同じ高さ

虎ノ門オフィス街6m
新橋3m
愛宕山25m
虎ノ門ヒルズ12m

フィールドワークの結果を検討している際に、意外な発見がありました。それは「新橋・虎ノ門・愛宕エリアの地形は東京ディズニーシーと似ている」というものです。事実を確認するために、チームのメンバーは新橋・虎ノ門・愛宕エリアに出向き、スマートフォンのアプリで主要地点の標高を実測しました。同時に、地図情報から標高を計算するアプリ使って東京ディズニーシーの主要施設の高さを調べました。結果は予想通りでした。もともと東京ディズニーシーの敷地は埋立地で、入場者の動線や施設の配置を考慮して造成したはずです。その同じ考え方を新橋・虎ノ門・愛宕エリアに当てはめれば、歩くことにエンターテインメント性を付加できるかもしれません。この発見は、街に新しい価値を提案するうえでの貴重なヒントになりました。

▶▶▶ エリアを区切る「タテの道」と「ヨコの道」

フィールドワークによる情報収集と可視化の作業を繰り返すことにより、新橋・虎ノ門・愛宕エリアに対する共通認識が形成されていきました。その1つは、エリアを構成する新橋、虎ノ門、愛宕というブロックを区切る「タテの道」と「ヨコの道」があり、ブロックによって街の雰囲気や特徴が明らかに違うという認識です。これを可視化するために、2軸のマトリックスをエリアのマッピングと重ね合わせ、そこにキーワードを落とし込むという手法で、ブロックごとの属性の把握を試みました。次に、ブロックごとの特徴がいつから定着したのかを確認するため、昔の資料や地図をもとに時代ごとのマッピングを作成しました。そこで気づいたのは、タテの道（現在の桜田通り）はいつの時代も安定的であるのに対して、ヨコの道が時代によって変化するということでした。そして、整備が進められている環状2号線は、現在のヨコの道とは整合していないため、道が新橋ブロックを分断するという問題に突き当たったのです。

環状2号線が地域を分断するという問題は以前から指摘されていたため、一部区間を地中に敷設するように計画が変更されたのですが、地上に横切る区間は残っています。1つの特色のある街を道で分断すれば、人の交流が制限され、エリアの一体感が失われかねません。2号線開通による分断のインパクトを和らげる方法はないのか——。こう考えたDProチームがたどり着いたのが、「道」の機能を変えるという発想でした。

道は、街と街を結んで人の交流を促進する半面、街の境界を設定することにより交流を分断するという側面も併せ持っています。社会全体の効率や生活の質が高まる一方で、負の影響を受ける人たちがいることも事実です。そこでDProチームは従来の「規律」「境界」「補助」という道の役割に「自由」と「情報」という機能を付加し、新たな人の交流をもたらす「Michi」というソリューションにたどり着いたのです。

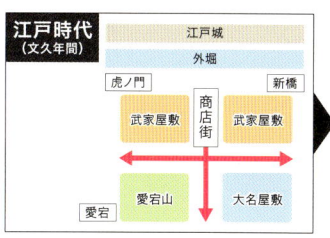

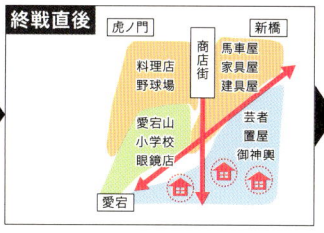

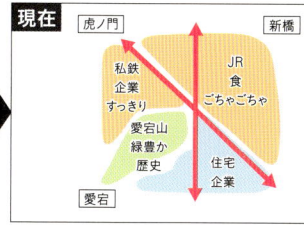

環状2号線は江戸時代の「ヨコの道」とは一致するが、現在の「ヨコの道」とは整合しない

> **まとめ**
>
> 環状2号線が街を横切るという避けて通ることのできない前提条件のもと、長年再開発に携わってきたステークホルダーでは考えつかないような「異人の発想」が問われた事例です。「道によって街が分断される」というネガティブな価値を「Michiによって人の交流を生み出す」というポジティブな価値に転換し、エンターテインメント性を高めるソリューションへと導いたところが、注目すべきポイントです。より具体的なシステムのデザインや運営手法などは今後の課題となりますが、再開発や街づくりにおける1つのヒントを提唱するソリューションと言えます。

東芝

「普通の人」にも美と健康を

プロポーザル 美容家電やヘルスケア製品は数多く存在するが、美と健康を表層的にとらえた製品開発に偏っているように思われる。今後5～10年で実現可能な、ユーザーに真の価値を提供できる製品・システムの提案を望む。

▶▶▶ 何が「美」と「健康」を実現しているのか?

私たちにとって「美」と「健康」は大きな関心事ですが、多忙な生活のなかで美しさを保ち、健康な毎日を過ごすためには、目標設定と努力が欠かせません。そうした負担を少しでも軽減し、美と健康の維持・向上が容易になる製品・サービスをいかに提供するか——。この課題に対して、DPro「The Archimedes's Hub」チームが最初に取り組んだのは、そもそも美と健康とは何か? 何が美と健康を実現しているのか? といった根本的な問いに対する答えを見つけることでした。

まず、チームでブレインストーミングを重ねて課題認識と活動計画を議論し、併行して学生や教員、家族などにインタビューを実施してキーワードとコンセプトを収集しました。次に、それらを親和図や2軸図に配置してコンセプトと思考の枠を共有し、さらにイネーブラー・フレームワークや構造シフト発想法を用いて、キーワード同士の関係性や構造の解明、視点の転換をおこないました。図は、親和図とイネーブラー・フレームワークを組み合わせたもので、心理学の文献も参照しながら、美と健康に寄与する要素を可視化しました。ここから得られたのは、「睡眠」や「ストレスフリー」が「体の健康」と「心の健康」を実現するうえで重要であるという仮説。これがデザインの出発点となりました。

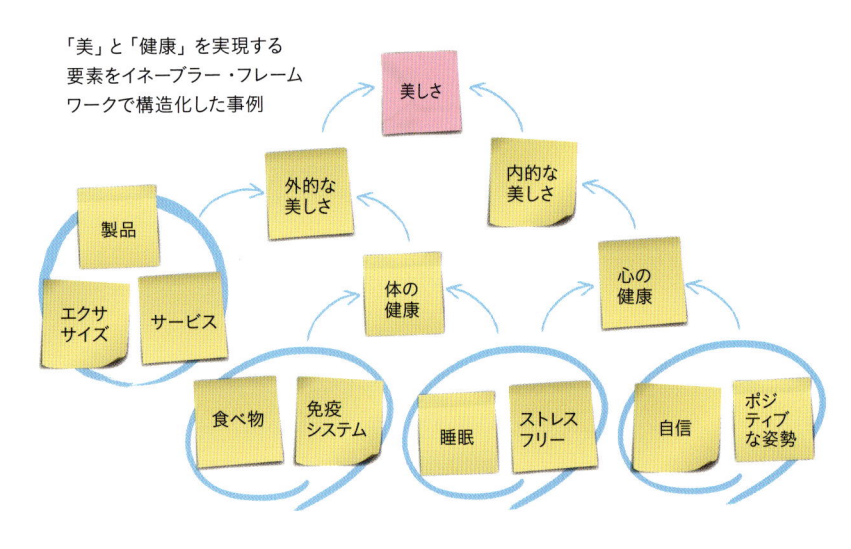

「美」と「健康」を実現する要素をイネーブラー・フレームワークで構造化した事例

1. ブレインストーミング
2. 親和図法
3. シナリオグラフ
4. 2軸図
5. 構造シフト発想法
6. フィールドワーク
7. バリューグラフ
8. イネーブラー・フレームワーク
9. 因果関係ループ図
10. CVCA
11. WCA
12. ピュー・コンセプト・セレクション
13. プロトタイピング
14. 手書きの図
15. ストーリーテリング
16. 即興

ソリューション

美診断

日常生活のなかで「健康」と「美」を継続的に促進する使い勝手のよい製品・サービス。髭剃り、髪ブラシ、歯ブラシという3つの接触型のツールにより、肌、髪の毛、口腔のコンディションを日々モニターし、分析結果をユーザーにフィードバックする仕組みを実現する。

▶▶▶ 5回のプロトタイピングで試行錯誤を重ねる

DProチームが、よりよい睡眠を実現するためのデザイン第1号として取り組んだのが「ドリームコントロール」でした。これは人工知能を搭載したカプセルのなかで楽しい夢を見てもらうことにより、ユーザーの睡眠の質を高めるシステムです。次に、企業とユーザーとの関係に着目し、日常生活のなかで美と健康を促進するために考案したのが「東芝ナチュラル・サラウンディング・システム（TNSS）」です。これは、同じ室内にいる複数の人間（＝家族）に対して、個別に最適な環境を提供するためのシステムで、子ども、大人、お年寄りなど、それぞれの居場所ごとに、もっとも快適と感じられる条件（温度、湿度、明るさ）の空間を実現するものです。TNSSはプロポーザーからも共感を得られたため、一時は有望なソリューション候補になりましたが、「スマートハウスの進化系のようでは……」といった指摘もあり、チームとして確信を持つには至りませんでした。ユーザーにとっての美に関する理解が不十分かもしれないと感じた3人のチームメンバーは、それまでのソリューションを忘れて、一からやり直す決断をしました。

1st サイクル
ドリームコントロール

2nd サイクル
TNSS
バーチャル・プラネタリウム
ドリームモニター
FII

3rd サイクル
インディビジュアル・モニター
ナノロイド
ホログラム・サイキアトリスト
ハウスシステム

4th サイクル
インディビジュアル・モニター＋バーチャル・リアリティ

5th サイクル
美診断

発想の大転換

5回目のプロトタイピングで方針転換に踏み切った

最終的に、プロトタイピングは5サイクルにわたり、候補にのぼったアイディアのなかには、ゴーグルを装着してプラネタリウムなどの仮想空間をバーチャル体験させるシステムや、食品を各種のセンサーでスキャンして原材料や栄養素を測定するシステムなどがありました。

▶▶▶ フィールドの枠を広げて飛躍の準備をする

　美と健康の仮説をあぶり出すため、DProチームはブレインストーミングを再度おこない、美や健康に関して先端的な活動をしている人たちを対象にフィールドワークを実施しました。対象は、ファッションモデル、ヘアサロンの美容師、ボディビルダー、ゲイバーの店員、ヨガのインストラクターなど約60人のエクストリームユーザーです。想定するユーザーを限定すると、ニーズの深堀りはできても、枠の外へ飛び出して発想しにくくなります。その意味で、フィールドワークの対象を広げ、そこから得られたフィードバックをもとに発想すると、本質的に新しいアイディアが生まれやすくなります。エクストリームユーザーから得られたインサイトのなかで興味深かったのは、「内面の美に言及している人ほど、見た目を重要視している」傾向でした。誰もが内面の美しさが重要だと言うものの、実際に気にしているのは外面の美しさや健康な肉体なのです。「憧れのあの人のようになりたい」という美意識がなければ、率先して何かをしようという気持ちにならないのかもしれない。そう考えたDProチームは、

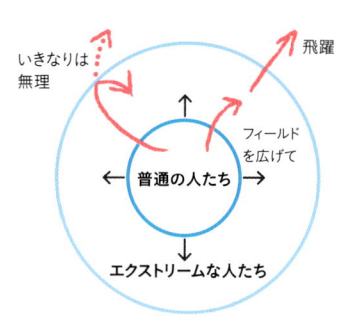

小さな枠からいきなり飛躍するのは難しい。まず枠を広げて、そこから飛び出す！

「普段はあまり美を意識していないユーザーに一歩踏み出してもらうこと」を最終課題を設定しました。

▶▶▶ 「美診断」の入り口をデザインする

　日常生活の普通の行動のなかで、知らず知らずのうちに美と健康を意識し、維持するにはどうすればいいのか──。そんなコンセプトを実現するためのソリューションが「美診断」です。DProチームは美診断のプロトタイプとして、髭剃り、髪ブラシ、歯ブラシを選択しました。図のように、置き換えが容易かどうか、ユーザーとの接触の程度という2軸でマトリックスをつくり、日常的に使うさまざまな道具や器具を検討した結果です。具体的には、電気髭剃りで顔の肌の状態（水分と油分）、髪ブラシで髪の毛と頭皮の状態、歯ブラシで口腔の臭いを日々測定し、データを無線（WiFi）でサーバーに送り、定期的に分析結果をユーザーにフィードバックする仕組みです。

　また、健康診断とは違った遊び心を持たせるためのインセンティブも考案しました。数値が上がったとか下がったというフィードバックだけでは面白味に欠けるので、測定結果が向上するとポイントがもらえる「美マイレージ」と、友人からの「いいね」ボタンを導入しました。また、専門のカウンセラーからアドバイスをもらったり、美容家電の割引を受けられたり、エステサロンを格安で体験できるなど、付帯サービスの提供によりユーザーの満足度を高めるとともに、ビジネスの裾野を広げる工夫も取り入れました。

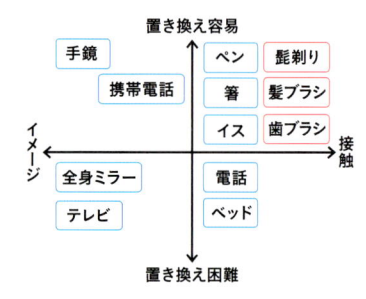

日常生活のなかで自然にデータを測定するためのツールとして「髭剃り」「髪ブラシ」「歯ブラシ」を選択

▶▶▶ CVCAとWCAでビジネスモデルを点検

次のステップは、現実の社会でビジネスとして成り立つかどうかを確認するフィージビリティ（実現可能性）の検証です。まずは、美診断のステークホルダー間の価値のやり取りをCVCA（顧客価値連鎖分析）でチェックしました。基本構造は、企業（東芝）がユーザーに対して、美診断のための3製品（髭剃り、髪ブラシ、歯ブラシ）を提供し、ユーザーが対価を支払うというものです。いわば「美診断」の入り口ですが、これだけではビジネスは広がりません。美診断のような新しい製品・サービスが世の中に受け入れられるようになるには、既存の製品（美容家電など）の販売が促進されたり、新たな広告媒体としての価値が生じたり、あるいは、その他のサービスプロバイダー（エステサロンなど）がこの仕組みに乗ってくるといった相乗効果が必要になりそうです。

一方で、新しい製品・サービスを開発する際には、ビジネスとは別の視点からの分析も必要です。右下の図は、美と健康を促進する家電製品の市場が環境に与える影響を因果関係ループ図に描いた一例で、製品が売れて市場規模が拡大すると何が起きるかを可視化したものです。ここでは製品とユーザーが増えれば消費電力が増え、大気中の二酸化炭素が増えたり大気汚染が生じて、美と健康にマイナスの影響をもたらします。皮肉にも、健康のための製品の開発が健康の増進に結びつかない側面もあるようです。そのため、美診断のようなシステムの導入にあたっては、TNSSのようなソリューションと統合し、地球の美と健康にも貢献するような配慮が必要なのかもしれません。

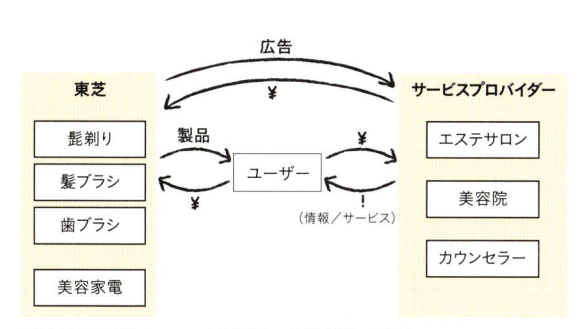

ビジネスモデルのフィージビリティをCVCAで確認

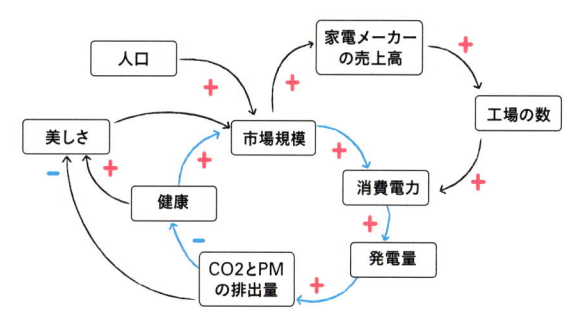

市場規模の拡大が環境に及ぼす影響をチェック

まとめ

この事例は、フィールドワークの対象を広げてまったく新しい着想を得ることの重要性を示しています。想定されるユーザー（普通の人＝マジョリティ）の声を製品・サービスに反映させるというストレートなアプローチだけでは革新的なアイディアに結びつかないことに気づいた時点で、チームとしてフィールドワークをやり直し、エクストリームユーザーへのインタビューで得られたフィードバックを「普通の人」が普通に使用するためにはどうするかを考え、「奇をてらっているけれどもシステマティック」なソリューションへと結びつけたのです。

大手町イノベーション・ハブ (iHub)

イノベーションを促す「場」をつくる

プロポーザル 企業内で生まれるビジネスのアイディアを事業化に結びつけるために、金融機関としてどのようなサポートができるか？ 特色あるビジネスモデルが続々と生まれるようなイノベーションの「場」を提供したい。

▶▶▶ 金融機関にとって「役に立ちたいこと」とは？

日本政策投資銀行（DBJ）は2013年4月、東京・大手町の本店ビル4階に「大手町イノベーション・ハブ（iHub）」を開設しました。iHubは、業種横断的な協創型ビジネスを生み出すプラットフォームで、さまざまな企業から参加者を募り、セミナーなどを通じて新しいビジネスの可能性を探る活動をおこなっています。運営元であるDBJの技術事業化支援センターのプロポーザルは、このiHubという「場」をより積極的に活用して、参加企業の新規事業をオープンに後押しするような具体策です。

このプロジェクトを担当したDProチーム「お腹すいた」が最初に取り組んだのは、現状と問題点を把握することでした。DBJは「株式会社日本政策投資銀行法」のもとで活動している金融機関です。企業との関わり方も普通の銀行とはやや異なるため、企業などのステークホルダーとの関係性をCVCAやWCAなどで可視化しました。政府が全額出資している株式会社であるため、公共性が高く社会に役立つ事業に対して投融資一体型の特色ある金融サービスを提供することを重視しており、「日本企業に成長してもらいたい」と望んでいることが理解できます。

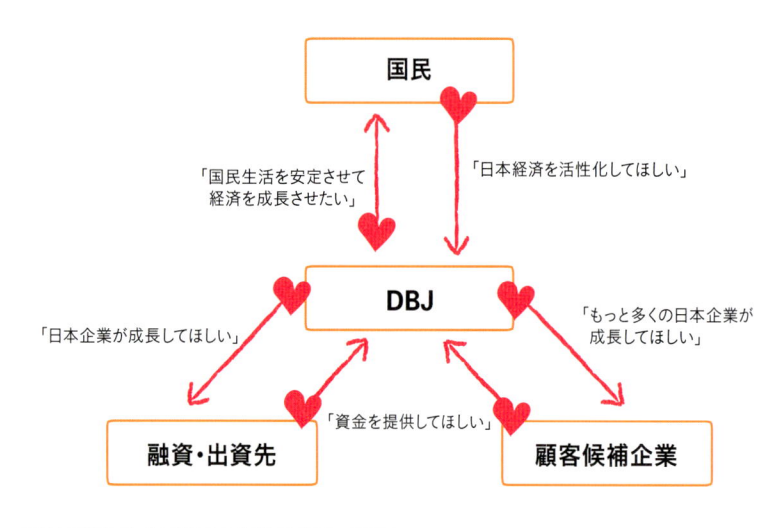

DBJの望みは「より多くの企業が成長してほしい」

1. ブレインストーミング
2. 親和図法
3. シナリオグラフ
4. 2軸図
5. 構造シフト発想法
6. フィールドワーク
7. バリューグラフ
8. イネーブラー・フレームワーク
9. 因果関係ループ図
10. CVCA
11. WCA
12. ピュー・コンセプト・セレクション
13. プロトタイピング
14. 手書きの図
15. ストーリーテリング
16. 即興

ソリューション

❶ 明日のビジネス準備同盟資金
新しいビジネスのアイディアが次々に実現する仕組み

❷ ビジネスを強くする人「財」バンク
暇な時間とスキルとやる気のある人（＝人「財」）を活用する仕組み

❸ iHubたまにすげー当たる資金
新規事業の資金を銀行以外からも調達する仕組み

▶▶▶ 新規事業には資金調達の「死の谷」がある

次は、「アイディアを事業化に結びつける」という問題意識が生じる理由を検討しました。DBJの出融資先はおもに大企業・中堅企業です。通常、企業の調査・開発部門などで生まれた新規事業のアイディアは、事業部での検証・実験段階を経て、最終的にはコーポレート部門と経営陣が判断をくだします。それぞれの段階に必要な金額は、大企業の場合、アイディア段階が1000万円程度、検証・実験段階が1億〜10億円程度、実行段階が50億〜100億円程度と言われていますが、検証・実験段階での1億〜10億円の資金が賄えないため、多くのアイディアが「死の谷」に落ちてしまうのが実情のようです。そこでDProチームは、「大企業における新規事業の立ち上げ段階で、よいアイディアに『死の谷』を乗り越えさせる」ことに目標を定めました。

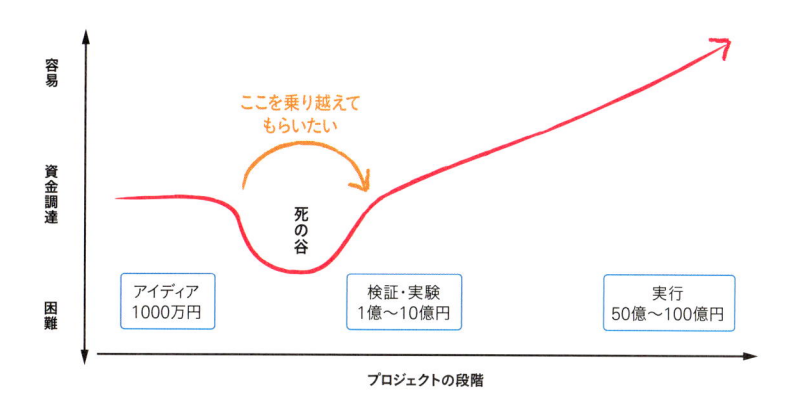

新規事業のアイディア段階と計画・実証段階の間に「死の谷」がある

次のステップは、「iHubとは何か？」を理解することです。「多様な企業から人材が集まり交流する場」というイメージは容易に浮かぶのですが、どのように活用すれば新規事業をサポートできるのかがよくわかりません。その点を突きつめるために、さまざまな技法を使って、アイディアの発散・収束を繰り返しました。

たとえばiHubの上位の目的を確認するためにバリューグラフでアイディアを整理すると、参加企業から多様な人が集まり、議論すると「新しいものやこと」に結びつくという、オープン・イノベーションの理想的な図式を描くことができました。ただし、具体的にどうやれば実現できるのか——。ここでDProチームは壁に突き当たりました。

▶▶▶ 「普通のワークショップ」はビジネスにはつながりにくい

　こうした分析によって、iHubの役割が徐々に明らかになり、DProチーム内での共通認識が深まっていきましたが、それだけでは不十分です。多様な人を集めて生み出したアイディアを新規事業として実現させるためには、前述のように「死の谷」を乗り越えさせる仕掛けが必要なのです。

　DProチームが試行錯誤を重ねたうえでたどり着いた発想は、「iHub＝合コン」というアナロジーでした。iHubを合コンという身近な活動にたとえ、合コンを成功させるための条件をiHubに適用するというものです。その結果、人の出会いを成功に導くためには、周到な「設計」が必要だという共通認識を得ることができました。要するに、普通のワークショップをいくら繰り返しても、ビジネスに発展しにくいということです。そこでDProチームは、誰を集めて、何をさせ、資金をどう調達するのかという具体的なプランの策定に進みました。

　iHubにどのような人を集めるべきか？　この点を検討するために、DProチームはシナリオグラフを利用し、「誰が」「どこで」「何を」のうち「どこで」を「iHub」に固定したうえで、「誰が」と「何を」をさまざまな選択肢で入れ替えました。

　その結果、著名な専門家、新規事業の立ち上げに参加したいセミ専門家、不活性人「財」という3つの集団から構成される「ビジネスを強くする人「財」バンク」というコンセプトが固まりました。著名人は"客寄せパンダ"としての役割を担い、そこに魅力を感じて集まるセミ専門家に参加料を払ってもらうという仕組みです。

　不活性人「財」は、たとえば育児休暇中にもビジネススキルを磨きたい社員や退職した社員から構成される集団で、スキルと時間的余裕を兼ね備えた実働部隊として、新規事業計画の評価やアイディアづくりに関わってもらいます。労働市場から離れていても意欲を持つ人たちに活動の場を提供することは、日本経済を活性化するというDBJの経営方針にも沿うと考えたのです。

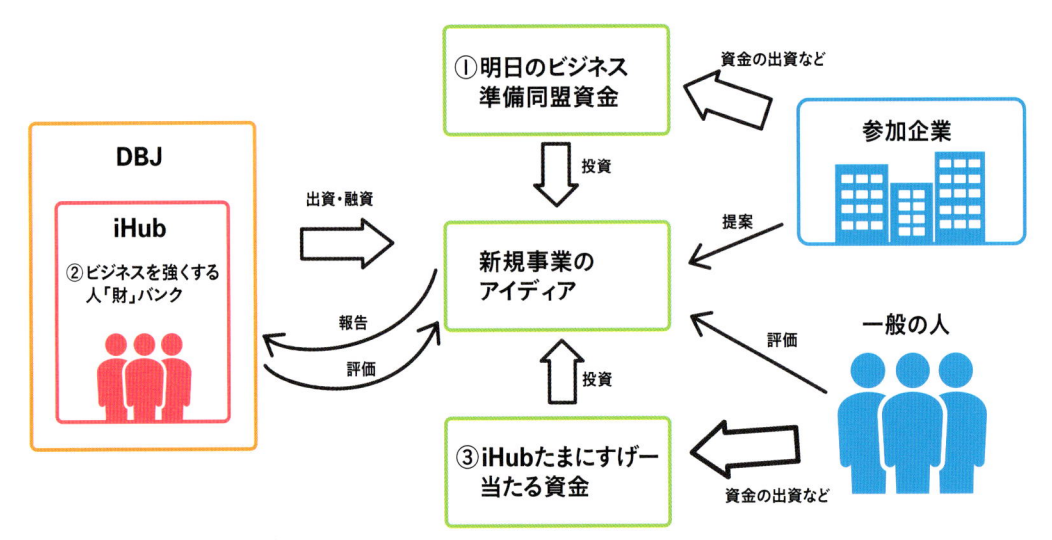

新規事業のアイディアを外部から評価し、有望なアイディアにはより多くの資金が集まる仕組み

▶▶▶ 一般の人にもお金を出してもらう仕掛けづくり

　最後は、事業資金の確保です。DProチームは2つの仕掛けを考案しました。1つは「明日のビジネス準備同盟資金」です。これは、iHubの参加企業が一定金額（数億円）を拠出し、有望な新規事業のアイディアが生まれたときに、検証・実験段階へと移行しやすくする仕組みです。あらかじめ資金を用意しておけば、「今期は予算が足りないので見送る」といった状況は回避できるので、「死の谷」を乗り越えやすくなります。ただし、企業としてはなんの見返りもないのに資金を遊ばせておくわけにはいきません。

　企業にとっての利点の1つは、前述の「ビジネスを強くする人「財」バンク」による評価です。これにより、見込みがあるアイディアか否かを第三者の立場から評価してもらえます。

　もう1つは「iHubたまにすげー当たる資金」です。これは、一般の人々から広く資金を集める仕掛けで、クラウド・ファンディング（インターネットを活用した小口の資金集めの手法）にも似ています。新規事業のアイディアに対する世間の評価を織り込むという機能も担っています。たとえばA、B、Cという新規事業のアイディアがあり、資金提供者は有望そうだと思うアイディア（に紐づいた事業）に資金を拠出します。そして、もっとも多くの資金が集まった事業の資金提供者に、より高いリターンを払います。リスクマネーの要素をプラスすることで、一般の人にも真剣にアイディアを評価してもらおうという狙いです。

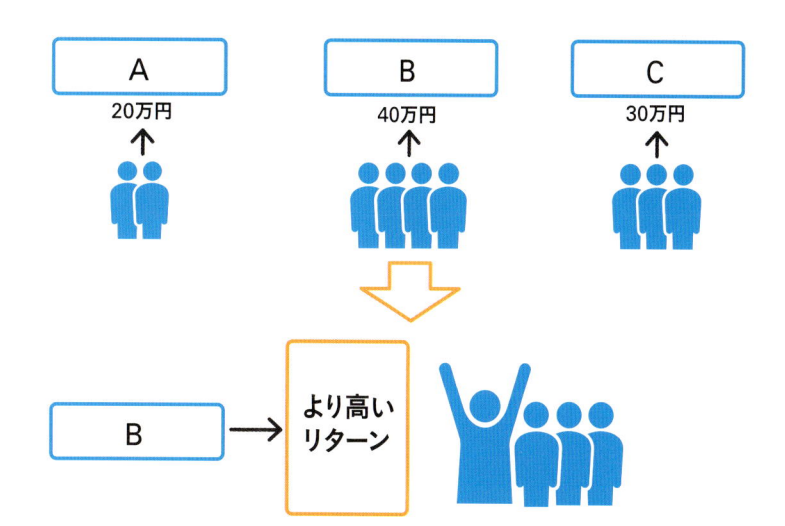

小口の寄付・出資などにリスクマネーの要素を盛り込んだ「iHubたまにすげー当たる資金」

まとめ

　この事例は、あらかじめiHubという「場」が設定されていたため、そこに人を集めて何かをさせるという発想からなかなか抜け出すことができませんでした。しかし、何度も議論を重ねているうちに、普通のワークショップ的な活動では新規事業を前進させることが難しいとの認識に達し、発想を転換させていきました。そして、「iHub＝合コン」というアナロジーから着想を得て、企業と外部の専門家やビジネスパーソン、一般の人たちを意図的に巻き込みながら知恵と資金を集め、オープン・イノベーションを実現させるための3つの仕掛けを考案したのです。

本事例のソリューションは、あくまでも慶應SDMのDProチームの提案であり、DBJまたは大手町イノベーション・ハブ（iHub）の実際の業務とは関係ありません。

ハマノパッケージ

製品の「最終消費者」は誰?

ここからは、企業活動のなかでシステム×デザイン思考を活用している事例を紹介します。
最初は、贈答品や高級菓子の包装に用いる「貼り箱」の専業メーカーが、
事業環境の変化に立ち向かい、さらなる成長を目指すために、
画期的な新製品開発に取り組んだケースです。

「よいもの」をつくろうとするアプローチの落とし穴

1954年創業のハマノパッケージは、贈答品や高級菓子向けの貼り箱の専業メーカーとして、優良企業との取引を通じて順調に業績を伸ばしてきましたが、近年、その成長に陰りがみられるようになりました。製品単価の下落、原材料の高騰、高級品向け製品の不振などといった複合的な問題に直面したのです。

こうした問題を解決するために、同社はコスト削減や生産性向上、品質向上、新規顧客開拓、既存顧客へのフォローアップなどさまざまな手を打ちました。とりわけ品質向上は「高級貼り箱メーカーの生命線」という信念から重点的に力を注ぎました。それも、決してひとりよがりの品質向上ではありません。「高級感のある箱」「面白い形状の箱」といった要望を顧客から聞き出し、その通りの品質を実現しました。しかし、顧客が欲しいという「よいもの」をどれだけつくっても、思うように売り上げは伸びません。同社は、愚直に「よいもの」をつくろうとするあまり、コモディティ化が加速しているもの単体での勝負に突き進んでいたのです。

そこから抜け出して新たな価値を生み出すには、「高品質から高価値へ」「付加価値から本質的価値へ」という視点の変換が必要です。「高品質から高価値」とは、顧客の感じる価値と製品の品質は必ずしもイコールではないということです。「付加価値から本質的価値」は、付加価値と称した機能追加によりその場しのぎで改善を目指すのではなく、ゼロベースに立ち返って本質的価値をきちんと定義することです。

しかし、企業には独自の文化や長年の慣習があるので、単に「視点を変えよ」と言ったぐらいで変わるものではありません。そこでハマノパッケージは慶應SDMとのコラボレーションを通じて、システム×デザイン思考の方法論を取り入れながら、「高品質から高価値へ」「付加価値から本質的価値へ」という戦略の転換を目指しました。最初に取り組んだのは、ブレインストーミングとCVCA(顧客価値連鎖分析)、フィールドワークを組み合わせ、顧客価値のやり取りを視覚化し、問題点を洗い出す作業です。

「売り場でやり取りされている価値」を考える

まずは顧客の声を聞くために、社員とパートタイムのスタッフが地元の百貨店でフィールドワークをおこないました。観察したのは、自社の貼り箱が使われている洋菓子売り場です。はじめは他社の箱との比較など、作り手の目線でしか状況を観察できなかったのですが、やがて「売る人」や「買う人」の目線も意識するようになり、「売り場でやり取りされている価値」という視点を持てるようになりました。

そして、フィールドワークのあとに議論を重ねてわかったことは、「売り場でやり取りされている価値が何か?」がわからないという事実でした。実は、これこそがブレークスルーなのです。自社製品が使われている現場で、どんな価値がやり取りされているかがわからないこと自体がハマノパッケージの問題だったのです。直接の顧客──貼り箱の納入先企業──の要望は常に重視してきたのに、最終的に貼り箱を手にする「最終消費者」のことを意識せずに製品の企画や顧客への提案をしていたということです。

昔から同社は、箱は何かの中身を入れることではじめて製品として成立すると考えていました。単体の箱それ自体には価値がないと思い込んでいたのです。それが最終消費者の観察によって、製品の価値は局面(フェーズ)ごとに違うという認識に変わったのです。

貼り箱が製造されてから廃棄されるまでは、いくつかのフェーズに分かれています。最終消費者を意識した貼り箱の開発を考えるのであれば、製造から廃棄までのどのフェーズで価値を最大化すべきか──。そう考えた結果、贈り手がもらい手に箱を渡した瞬間から、箱がもらい手によって保管されるまでの価値を最大化することが重要であるという結論に達しました。言い換えるなら「贈られた喜びがいつまでも持続する」ことが、箱にとっての本質的価値であると定義したのです。そして、「廃棄を前提としない貼り箱の開発」という新たな道が開けました。

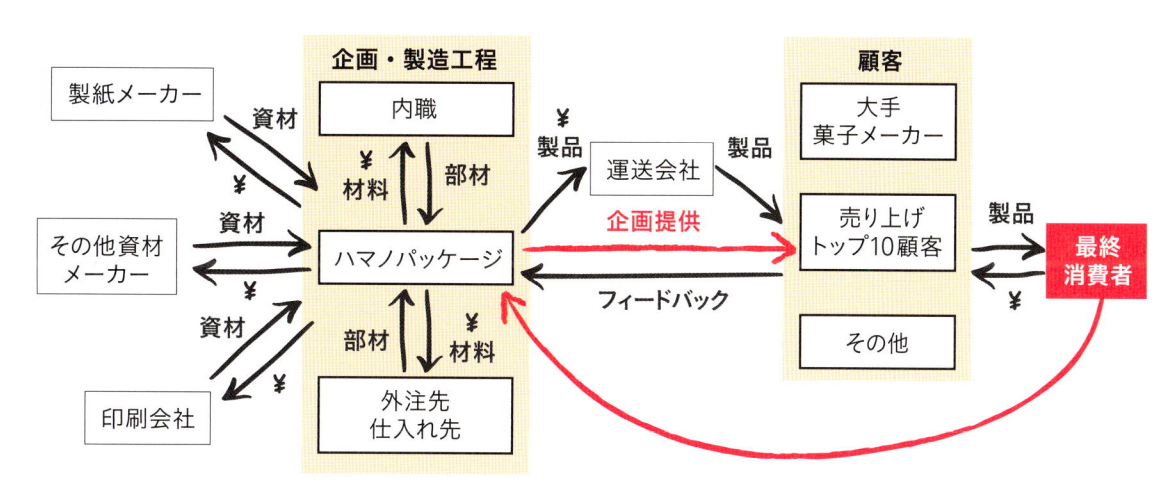

ステークホルダーとの価値のやり取りをCVCAで可視化した図
インタビューやフィールドワークを経て「最終消費者」の存在に気づいた

「きれいな箱」とは何か？

同社では再びブレインストーミングをおこない、本質的価値を実現するための作業を進めました。その結果、「飾っておきたい箱」「和のテイスト」「立体的なデザイン」などといったアイディアが生まれ、それらが「折り紙風の貼り箱」というコンセプトに集約され、最終的には「個人が日常で使いたくなる箱をあえて商用で流通させる」というソリューションにたどりついたのです。

次は、プロトタイピングです。ハマノパッケージには、もともとプロトタイプをじっくりと評価するという土壌がありました。今回はそれをさらに徹底し、3チームがそれぞれ1週間に5種類ほどのプロトタイプを作成・評価するというサイクルを3ヵ月にわたって回し続けました。

プロトタイプを的確に評価するためには、併行してフィールドワークを走らせる必要があります。出来上がったプロトタイプを社内で評価し、足りない視点を補うためにフィールドワークに出向き、再びプロトタイプをつくるというプロセスを何度も繰り返したのです。この段階では、多少雑でも数多くのプロトタイプを作成することによって、考えをまとめる機会を増やすことが重要です。そうすることによって、「きれいな箱」というコンセプトを具体的なカタチに可視化することができるのです。

折り紙のような立体感を楽しめる箱のプロトタイプ

あらためて「本質的な価値」を問う

同社は次にフィールドワークのエリアを拡大し、京都の観光地などに足を伸ばし、「最終消費者は何に価値を感じて製品を購入するのか」という点を追求していきました。

その結果、貼り箱に求められる価値は状況に応じて変化していることに気づきました。そこで、それを前提に「貼り箱の本質的な価値は何か」というテーマをバリューグラフで掘り下げました。贈答品の目的は、相手に感謝の気持ちを伝えることです。では、なぜ感謝の気持ちを伝えたいのでしょうか？そこには、自分の気持ちに気づいてほしいという贈り手の気持ちが見え隠れしています。よい人間関係を築きたいという思いがあるのかもしれません。さらに突きつめていくと、「幸福に暮らしたい」などというように、目的がかなり抽象的になっていきます。

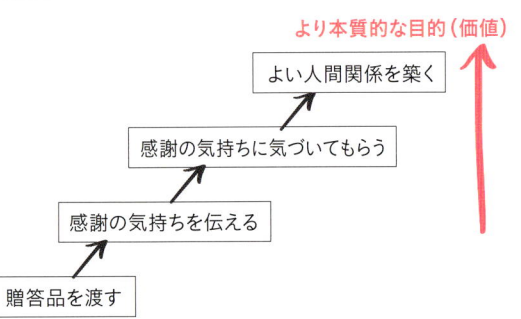

バリューグラフで贈答品の目的を分析する

みんなの「してほしい」を確認する

この時点でハマノパッケージが注目したのは、「感謝の気持ちに気づいてもらう」という目的でした。贈り手としては、相手に喜んでもらいたいのはもちろん、その喜びが長く持続することを望むでしょう。そこで同社は、最終消費者にとっての本質的な価値は、相手に感謝の気持ちに気づいてもらうことと、その喜びが長続きすることであると考えました。それは、通常であれば廃棄される段階になっても手元に置き続けたくなるような価値を貼り箱にもたせることができれば実現できるわけです。

バリューグラフで明らかにした本質的な価値を、具体的な製品のカタチに落とし込むために、ハマノパッケージではCVCAであらためて価値の連鎖を可視化するとともに、CVCAでつながっているように見える価値連鎖が、本当に顧客を満足させているかどうかを確認するために、WCA（欲求連鎖分析）を使いました。

WCAでは、顧客や最終消費者といったステークホルダーの欲求を図に書き込み、すべてのステークホルダーが「したい」「してほしい」と思っていることが満たされているかどうかを可視化します。非常に単純な図に見えますが、この作業はとても重要です。本質的な価値を導き出すことができたとしても、その価値が最終消費者まで届かなければビジネスは成功しないからです。

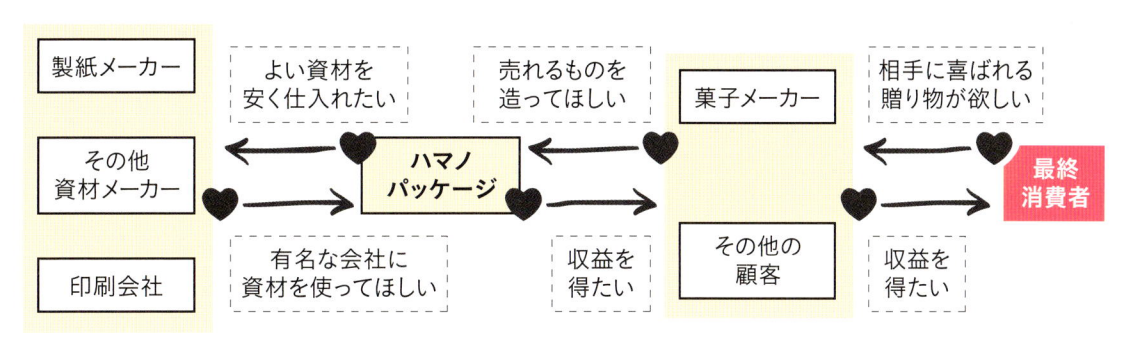

欲求連鎖分析（WCA）を使って、さまざまなステークホルダーの欲求のつながりを確認する

廃棄を前提としない箱

こうした試行錯誤の結果、ハマノパッケージが最終的に選択したのは、海外企業向けに「和のテイスト」を強調した高級貼り箱を新たに開発するというアプローチでした。その目的は、直接の取引先（顧客企業）に価値を提供するだけでなく、贈答品をもらった人（最終顧客）に感動を与え、中身がなくなっても使い続けたくなる箱を、あえて商用に流通させることです。

この事例の重要なポイントは、それまで自分たちが「顧客」だと考えていた相手の先に「最終的な顧客」が存在することに気づいた点です。それにより、お菓子などの中身がなくなれば捨てられてしまうという前提条件を見直し、「廃棄されずにずっと使い続けられる貼り箱」というコンセプトのもとで新製品開発に取り組むことができるようになりました。CVCAやWCAでステークホルダー間の価値や気持ちの連鎖をていねいに検証する作業が有効に働いたケースと言えるでしょう。

三菱重工グループ

都市の水インフラを一変させる新規事業の開拓

現在、三菱重工グループが取り組んでいる部門横断新規事業創出「K³プロジェクト」から産まれた「プライベートウォーター®システム（略称PWS）」は、従来の公共上下水道による水インフラの仕組みを根本から変えるイノベーティブな試みとして注目されています。プロジェクトのリーダーは、慶應SDMの修士課程修了生です。

三菱重工グループは、エネルギー・環境、交通・輸送、防衛・宇宙、機械・設備など、幅広い分野における産業インフラを提供しています。創立130年、300社を超えるグループ企業、7万人以上の従業員を擁する日本有数のものづくり企業体ですが、グローバルな企業間競争がますます激化するなかで、より革新的な製品・サービスを提供しなければ存続が容易ではないという危機感のもと、K³プロジェクトは2012年11月にスタートしました。慶應SDMの修士課程修了生が旗揚げし、事業部門を超えて32人の若手・中堅社員を集めてチームを立ち上げ、東京大学i.school発のコンサルティング企業i.labとの連携のもとで作業は進められました。

部門や専門分野の枠を超えて32人の社員でプロジェクトチームを構成

国内・海外でフィールド調査を実施
（写真はハウステンボスの下水処理施設）

合計1040個のアイディアを作成し、最終的には2つに絞り、事業化の本格検討へ結びつけた

生活と技術の視点で1040のアイディア創出

最初の2ヵ月は、生活者視点で未来の都市生活をイメージするため、先進事例の情報収集と国内・海外でのフィールド調査をおこない、技術視点でも社内外の技術・製品・サービスを調査しました。そこから得られた具体的な未来の都市生活像と活用可能な技術をかけあわせ、繰り返しの検討を経て合計1040個のアイディアを生み出しました。巷では起業が成功する割合は1000社に3社と言われますが、これを逆手にとり、1000のアイディアを考え出せば3つは成功するはずだと考えたのです（実際、1040のアイディアは20件もの特許出願に結びつきました）。

その後、1040のアイディアは実現可能性や収益性に関して約40名に及ぶ社内の各専門家レビューを経て、最終的に2つに絞り込まれました。その1つ、「プライベートウォーター®システム（PWS）」は、大都市への人口集中により今後増加していく高層オフィスビルなどの建物内で利用する水を循環・利用するためのシステムです。

図はPWSの基本構造を示していますが、ポイントは2つあります。1つは、建物内で利用される水の浄化・循環をおこなう「モジュール型システム」で、浴室、台所、トイレなどの生活排水を地下に集めて浄化し、求められる水質・水量に分けて循環・供給する仕組みです。たとえば、お風呂や台所など体には触れるが直接体内には入れない水、トイレ排水のように人体に触れない水、飲料水（水道水より高度に浄化し飲料に適した水）という具合に、利用場所や利用者に応じて異なる品質の水を供給できます。もう1つは「排水側課金システム」です。水道水のように利用量に応じて課金するのではなく、排水量と水質に応じて課金する仕組みです。水を必要な量だけ汚さずに利用すると費用が安くなるので、水を大切に利用しようというインセンティブを高められるのです。

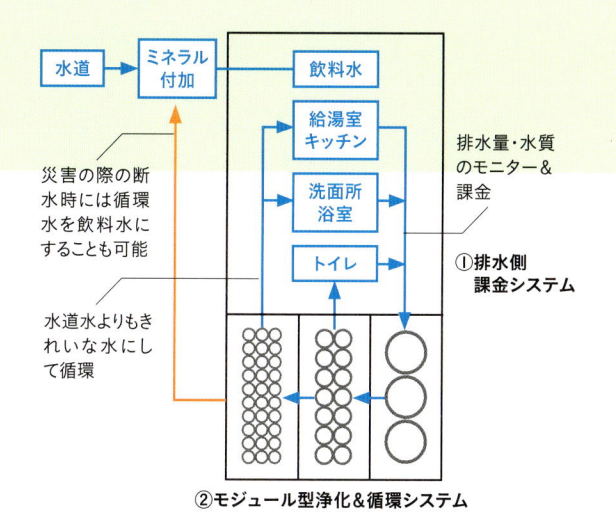

プライベートウォーター®システム（PWS）の基本構造。用途に応じて水を浄化・循環し、課金は排水側でおこなう

多くの人を巻き込むことの重要性

現在、PWSは企画段階から実証段階を迎えつつあり、事業所内にPWSのデモ施設を設置する計画も進行中です。

このプロジェクトの最大の特徴は、企業の事業部門や専門分野の枠を超えて多様な人材が集まり、いっしょに考えることで、イノベーティブなアイディアを実現させようとしている点です。はじめから水処理の専門家がいたわけではありません。チームのメンバーが専門分野や実務領域にとらわれずに自由に発想しつつ、他方でグループ内外の専門家の意見を聞き、技術的な問題点や実現可能性を考慮しながらアイディアを精査し、新規事業創出へと結びつけたところに価値があります。システム×デザイン思考のアプローチと方法論が、企業の実務の現場で活かされた好例と言えます。

システム×デザイン思考を体現する起業家・新規事業者たち

慶應SDMは誕生して5年の若い大学院ですが、出身者のなかから、自ら起業したり、企業で新規ビジネスを展開するイノベーターが次々に生まれています。

2009年のデザインプロジェクトで最優秀賞を受けたチームの1人は、都市型農業や農都共生という新しいビジネスに取り組んでいます。都心にある廃校を利用して水耕栽培をおこない近隣のレストランなどに野菜や果物を販売するという、農業の第六次産業化（第一次産業が食品の加工・流通・販売も手がける事業展開）を先取りした斬新なアイディアは高く評価され、学生起業家選手権優秀賞、キャンパスベンチャーグランプリ関東経済産業局長賞を受賞しました。千葉県の農園（耕作放棄地など）で栽培した身体にやさしい野菜を産地から直送するビジネスに取り組んでいる修了生もいます。

震災復興や地域活性化の分野でも起業家が続々と登場しています。たとえば、地元の福島県郡山市の復興を願い、学生中心の復興支援団体の運営を経て、社会イノベーションの会社を起業した慶應SDM出身者もいます。スマートフォンやタブレット向けに「お絵描きができる絵本アプリ」を開発するなど、ユニークなアイディアとテクノロジーを結びつけて、福島の子どもたちの支えになるビジネスを展開しています。

一方では、メディア関係の会社社長が書籍『奇跡のリンゴ』で有名になった木村式自然栽培にめぐり会い、企業内起業というアプローチで、慶應SDMのお膝元である横浜市日吉などで農園を営んでいる例もあります。

そのほかにも、慶應SDMの出身者および現役の学生のなかには、アートの世界で著名作家のプロモーターをしている社長、デジタルサイネージに格安で広告を配信するビジネスを準備中の修了生、アート作品を気軽に購入できるウェブサービスを展開中の修了生、学習塾システムの会社を起業した学生、共感プロトタイピングの手法を軸に金融コンサルティング会社の経営に参画している修了生、スマートフォン向けの新しいアプリの開発に取り組んでいるベンチャー起業家など、多彩なビジネスに挑戦しているイノベーターが数多く存在しています。

公益財団法人東京都中小企業振興公社が主催する「学生起業家選手権」で優秀賞を受賞

慶應SDMの地元・日吉で企業内起業として農業に取り組む例も

お絵描きができる絵本アプリを開発・販売し、福島の子どもたちへの支援とビジネスを両立

「身体にやさしい野菜」を軸に農家と都心の消費者を結ぶビジネスを展開

「武器」としての
システム×デザイン思考
活用術

3

　本書ではここまで、「イノベーションとは何か?」という問いに始まり、イノベーションを起こすための「システム思考」と「デザイン思考」という発想法、それらを組み合わせたシステム×デザイン思考という方法論について、企業の活用事例を交えて説明してきました。
　Part3では、読者のみなさんがシステム×デザイン思考という考え方をビジネスの現場でどのように活用すべきかという観点から、実践的なアドバイスをしていきます。身近なところから取り入れて、楽しみながら、たくさんのアイディアを出してみてください。
　多くのイノベーションは、日々の試行錯誤から生まれます。その過程で、学びながらビジネスパーソンとしての経験値を上げ、発想や思考のスキルを向上させることが大切です。前向きにトライしましょう。

How to use system & design thinking 1

ビジネスパーソンにとっての システム×デザイン思考

木を見て森も見る

　ここでシステム×デザイン思考の意味を、もう一度確認しておきましょう。これまで私たちは、困った問題に突き当たると、全体を部分に分けて、部分を解決すると全体が解決する——という考え方で、さまざまな課題に対処しがちでした。実際、この考え方で解決できる問題も多くありますが、イノベーティブな問題は従来の考え方だけでは解決できません。

　全体を部分に分けるというアプローチには限界があるのです。部分は相互に作用しているので、ある部分を最適化しようとすると別の部分にも影響が及び、全体として最適化することにはならないのです。どれだけ分解しても「不確実さ」が残ると、言い換えてもいいでしょう。現代社会では、そうした「不確実さ」をどう扱うかが大きなテーマになっています。そこに創造的な解を提供するのが、システム×デザイン思考です。

　「不確実さ」は、企業やビジネスパーソンにとっても大きな問題です。かつての高度成長期のように、社員が一生懸命働けば会社が成長するというシンプルな図式があてはまらなくなっているからです。しかし、イノベーションを起こそうとする人々にとって、「不確実さ」は最大のチャンスになります。つまり、そこに大きな変化を起こす余地があるのです。こうした環境のなかでは、1人ひとりの社員が現場でいかに発想し、課題や問題に取り組むかが問われます。そうした思考のスキルをどれだけ多くの人が使いこなし、組織として促進できるかが、ビジネスの成否や企業の成長を左右するといっても過言ではありません。

　ビジネスパーソンの思考のスキルを向上させるうえで、システム×デザイン思考は有効なアプローチです。もちろんビジネス以外でも、クリエイティブで社会のためになる仕事——たとえばソーシャル・イノベーションやデザインの仕事——をされている方々にも、システム×デザイン思考は有効です。

　不確実性をチャンスに変えるには、部分（木）を見ながらも全体（森）を見ること、そして積極的に思考の枠外に飛び出して行くこと、まずはこの2つのことをしっかりと意識してください。

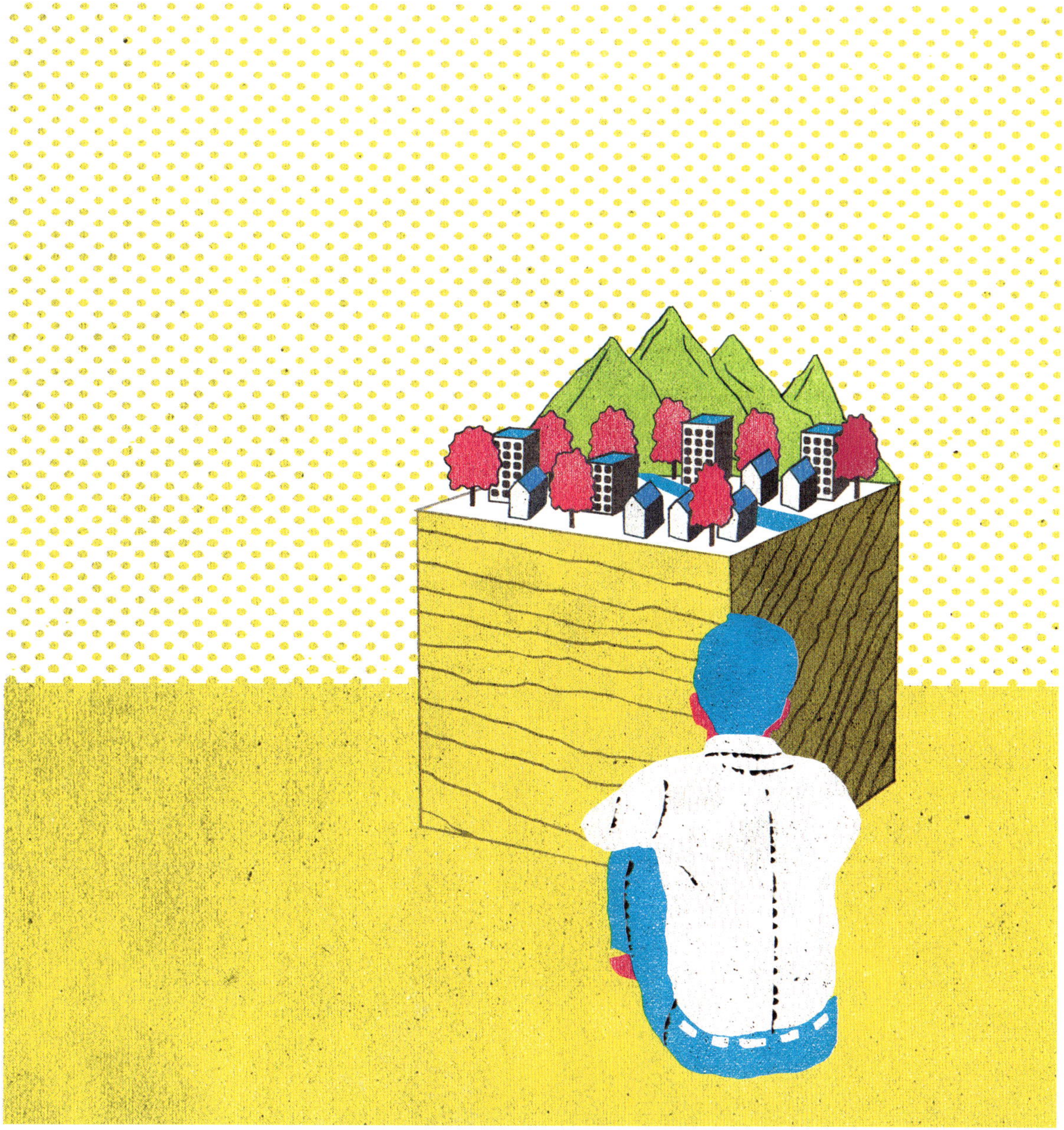

How to use system & design thinking 1

「仕事ができる人」だけでも
「いい人」だけでも通用しない!

　現代の社会は、「仕事ができる」だけでは、なかなか通用しにくくなっています。業務の内容が非常に複雑になり、多くの人を巻き込みながら仕事を進めていかなくては、成果があがらなくなっているからです。

　もちろん、「仕事ができること」は大事です。職場は、「やるべきことをやらない人」がいるべき場所ではありません。でも、だからといって「仕事ができるだけ」でも不十分です。組織のなかである程度以上のポジションにいるなら、周囲を巻き込みながら業務をこなしていかなければなりません。そんなとき、同僚から「あの人、仕事はできるけど……」などと思われているとすれば、きちんと仕事を進められるかどうか疑問です。これでは、本当に「仕事ができる人」とは言えないのではないでしょうか。

　一方で「いい人なのだけれど……」という人もいます。同僚や部下に厳しいことを言うべきときに言えない──。こういう人も、ある意味「ダメな人」です。やるべきことができないので、本当に「いい人」とは言えません。人間性が優れているのは大いなる美徳ですが、それが職場で発揮されていないのであれば「残念な人」に終わってしまいます。

　変化が激しく、想定外のことに対処しなければならないビジネス環境では、「尖っている」ことと「ある種のバランス」の両立が求められます。矛盾しているようですが、これはとても重要です。

　では、どのような人を目指すべきでしょうか？　理想的には、大きく純粋な夢を描き、周囲を巻き込んでいくようなビジョンを持ったうえで、大胆かつ緻密に仕事を成し遂げていく人物でしょう。本書で述べたシステム×デザイン思考を使いこなせれば、そのような人物に近づくことができます。

　Part1でブレインストーミングについて述べた際にもお伝えしましたが、ポジティブ思考は、楽観的・おおらかで人々を巻き込んでいくリーダーの資質につながります。たとえば、バリューグラフで根源的な目的にさかのぼっていくことは、そもそも何をすべきかという大きなビジョンの醸成につながります。システム×デザイン思考の技法を使いこなすことにより、問題の論理的理解力とイノベーションの論理的説明力が鍛えられます。そして、さまざまな技法で協創することは、信頼と共感を創る力の向上をもたらします。

あなたが「なりたい人」は？

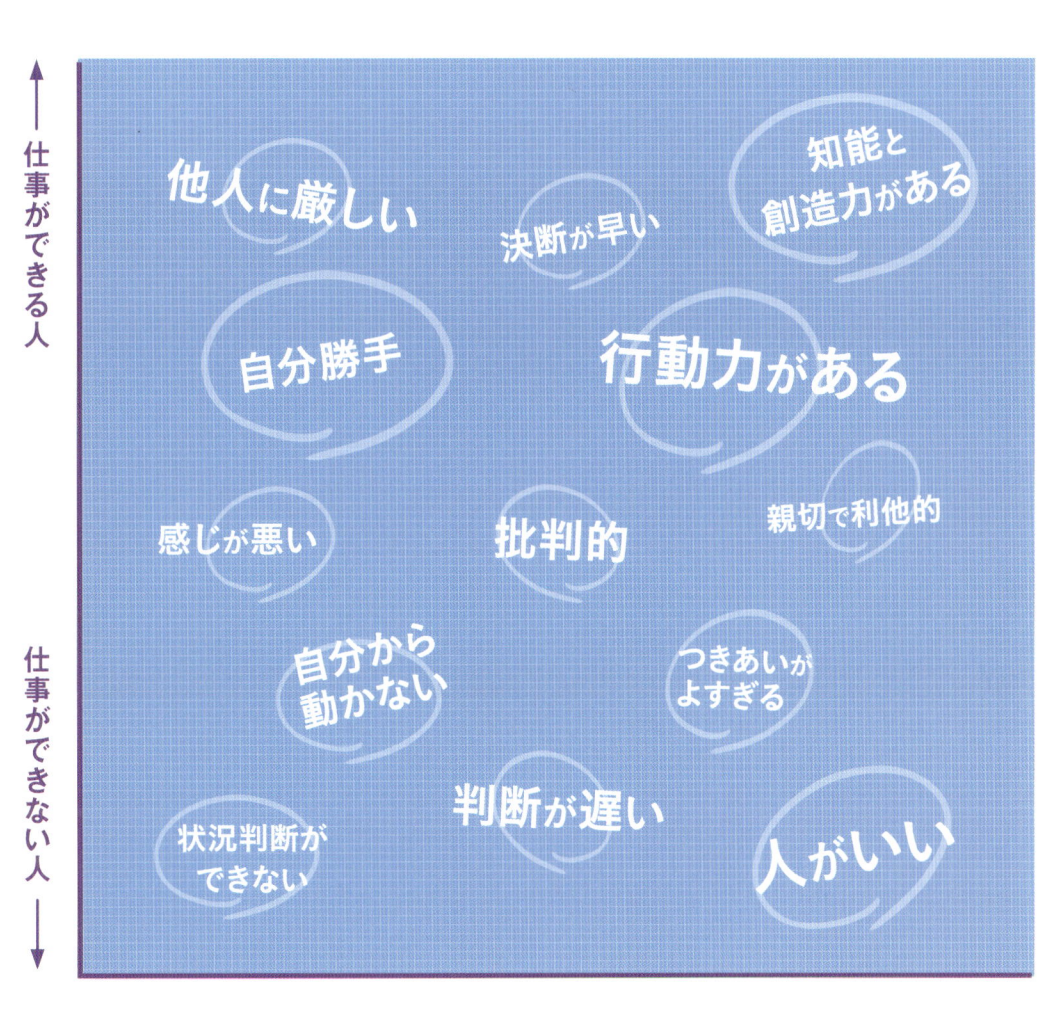

↑ 仕事ができる人
↓ 仕事ができない人

← 嫌われる人　好かれる人 →

- 他人に厳しい
- 決断が早い
- 知能と創造力がある
- 自分勝手
- 行動力がある
- 感じが悪い
- 批判的
- 親切で利他的
- 自分から動かない
- つきあいがよすぎる
- 状況判断ができない
- 判断が遅い
- 人がいい

How to use system & design thinking 1

現代のビジネスパーソンにとって必要なのは「手も足も心も頭も的確かつ自在に動く」こと

　頭脳明晰、理路整然、しかも創造性があり、気持ちや直感も大事にする「左脳と右脳のバランスのよい」ビジネスパーソンが現代の理想像です。

　かつては左脳だけを動かす「参謀タイプ」が活躍する場面もありましたが、それは経営環境が比較的安定している時代だからこそ通用したアプローチです。変化が目まぐるしく、不確実な要因ばかりの環境では、左脳の回転が速いというだけでは成果はあげられません。

　これからのビジネスパーソンは「左脳」だけでは不十分。感性（右脳）と「手」と「足」も動かし、全脳・全身で経験することが重要です。頭と体で考えましょう。

頭 *brain*
知識だけに頼るのではなく、自分の頭で創造する習慣が大切。独自の視点からアイディアを出し、ポジティブに考え抜く「頭の体力」が不可欠。

手 *hand*
世の中に存在しない新しいアイディアを、自分の手でカタチにして表現し、相手から共感やフィードバックを得ることは、ビジネスだけでなくあらゆる分野で重要。

心 *mind*
同じことをしても、気づく人と気づかない人、感じる人と感じない人の差は絶大。インターネットが普及して情報があふれる現在、本当に大切なのは「気がつく力」。些細なことでも構わない。「他人が気がつかないことに気がついてやろう！」と思えるかで、最初の差がつく。

足 *foot*
必要があれば、どこへでも出かけて行って人に会い、世界を見る。最終的に、人は人からしか学べない。自分のアイディアを話して議論し、巻き込む人が、大きな仕事を成し遂げられる。

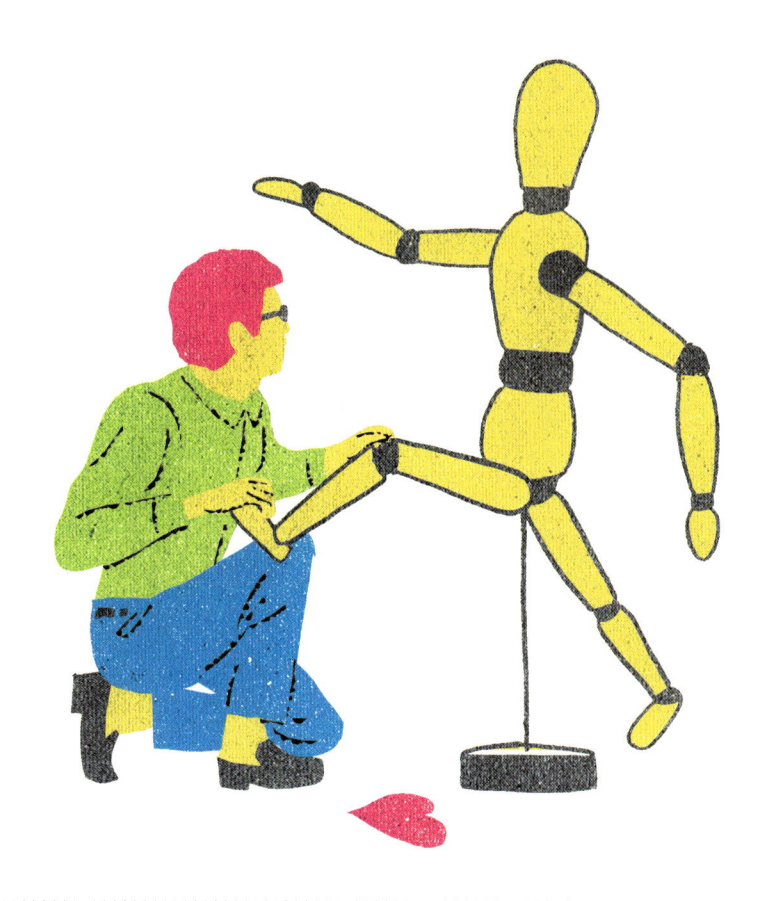

断固たる決意
intention

もっとも重要なのは、成し遂げるという思いがあること。「世の中を変えたい」「よりよい世界を築きたい」「みんなを幸せにしたい」。そんな思いを本気で持っていたら、その思いは必ず伝わる。全身全霊からわき上がるパッションは、伝わり、広がる。チームに、顧客に、そして全世界に──。

How to use system & design thinking 1

「普段使い」としての
システム×デザイン思考

　システム×デザイン思考は、必ずしも「ハレの日」に使うものではなく、「普段使い」のできる思考法です。実は、仕事ができるビジネスパーソンの多くは、それがシステム×デザイン思考だと認識しているかどうかにかかわらず、すでに実践しているのです。現代のビジネスパーソンにとってのシステム×デザイン思考とは、具体的にはどのようなことを意味するのでしょうか——ここで4つのポイントをあげておきましょう。

1.「気がつく」能力
　多くのビジネスパーソンにとって、最初に開発すべきスキルです。組織のなかには「気がつく人」よりも「気がつかない人」が多いのが現状です。その違いはどこからくるのでしょうか？　生まれつき「気がつく人」はめったにいませんから、「気がつく人」の多くは、自分の周囲の人や物事を観察しようという努力と訓練によって「気がつく」能力を鍛えているのです。「観察する」というスキルは、ビジネスだけでなく人間生活のどのような場面でも活用できます。

2.Co-Creative（協創的）コミュニケーション
　いろいろな人が集まり、それぞれの個性を活かしながら新しいアイディアを生み出せたら、どんなにすばらしいことか——。こうみんなが思っているのに、なぜか現実の会議は「対立」だらけで、建設的なアイディアがなかなか生まれないのが実情です。その原因の1つは、会議がA案とB案のどちらにするか決着をつける「対立の場」になっていることです。これに対してシステム×デザイン思考では、対立型のコミュニケーションではなくCo-Creative（協創的）コミュニケーションを重視します。すなわち、A案とB案のどちらかをとるのではなく、A案とB案をもとに協働して、C案を創造するのです。発言やアイディアのよい点を重視し、選択を急がない。ポジティブな態度です。これからは、このCo-Creativeの原則を意識して、多くの人の知性を活用する会議を目指しましょう。

3.行動重視/試行錯誤的アプローチ
　何かの問題や課題に直面したとき、完璧な答えを探そうとしても簡単には見つかりません。イノベーティブな問題解決の場面では、そもそも「100%の

正解」など存在しないことがほとんどです。そんなとき、まずは行動を起こして、間違いに気づいたら修正するという「行動重視」で「試行錯誤的」なアプローチで対処することが有効です。現在のように、状況が目まぐるしく変化するビジネス環境では、まず試してみることが重要です。イノベーションを志向するのであれば、「絶対確実」を求めて、その調査や検証のために時間や労力を費やすべきではないのです。

4.上位の目的重視

ビジネスパーソンがおこなっている意思決定の多くは、本質的な目的以外のものに振り回されています。企業のような組織では、上司や同僚や取引先などいろいろな関係者に配慮しながら判断をくださなければなりません。それはそれで意味があることですが、大切なのは「本来の目的を達成すること」です。目的、目的、目的――。ここがブレないようにすることがもっとも重要です。より上位の目的に忠実であるという姿勢が、目先の都合やしがらみにとらわれない、的確な意思決定につながります。

日々の職場のなかで、これらの4つのポイントを頭に入れて思考し、行動することで、実際の仕事の能力が格段に向上します。たとえ仕事が行き詰ったときでも、これらのポイントを思い出して対処することにより、状況を打開できるようになるはずです。システム×デザイン思考は、ビジネスパーソンの日常業務をイノベーティブかつ楽しくするツールなのです。

How to use system & design thinking 1

システム×デザイン思考を阻む
4つの壁

　システム×デザイン思考は、ビジネスパーソンにとって実に有効なツールですが、実際に活用しようとする前に、乗り越えなければいけない壁が4つあります。

　1つは「正解を一発で出す」という神話です。何かの問題を解決しようとするときに、はじめから最適な解決策（正解）が思い浮かぶことはめったにありません。すぐれたアイディアというのは、当初のいくつものアイディアを修正したり、廃棄したり、発展させた成果物です。

　私たちは大人になると試行錯誤を敬遠するようになりがちですが、子どものころを思い出してみて、「ああでもない」「こうでもない」「こっちのほうがいいかも……」と考えてみてください。複数のアイディアを残しながら、よりよいアイディアへと育てていく

正解を一発で出す

失敗＝悪い

という姿勢が大切です。

　2つめの壁は「失敗＝悪い」という考え方です。はじめから「失敗しないように……」と思うと、考え方が後ろ向きになってしまいます。これでは新しいアイディアは生まれません。失敗することへの抵抗感をなくすために、「失敗＝ナイストライ」と思って、「いい失敗」をしようとする姿勢を持ちましょう。

　3つめの壁は、「まじめ」や「客観的」が正しいという思い込みです。仕事には真剣に取り組んだほうがよいのですが、それは「まじめ」であることとは少し違います。真剣だけれども、楽しみながら仕事をすることはできます。また、必ずしも「客観的」であれば正しい答えが見つかるわけでもありません。

「客観的」になろうとすると、平凡で面白味のないアイディアが残りがちです。むしろ、それぞれが「主観的」になり、独自の見方や考え方を持ち寄ることで、よいアイディアが生まれる可能性が高くなります。仕事に「楽しさ」「主観」を持ち込むことを心がけましょう。

　4つめは、自分の範囲や枠にこだわることです。組織のなかでの役職、担当業務などといった範囲や枠を意識しすぎると、その枠のなかでしか物事を考えられなくなります。はじめから「それはウチの仕事じゃない」とか「それでは予算オーバーだからダメ」などと身構えてしまうと、思考が不自由になります。役割の枠を越えて、柔軟に発想し、自在に行動しましょう。

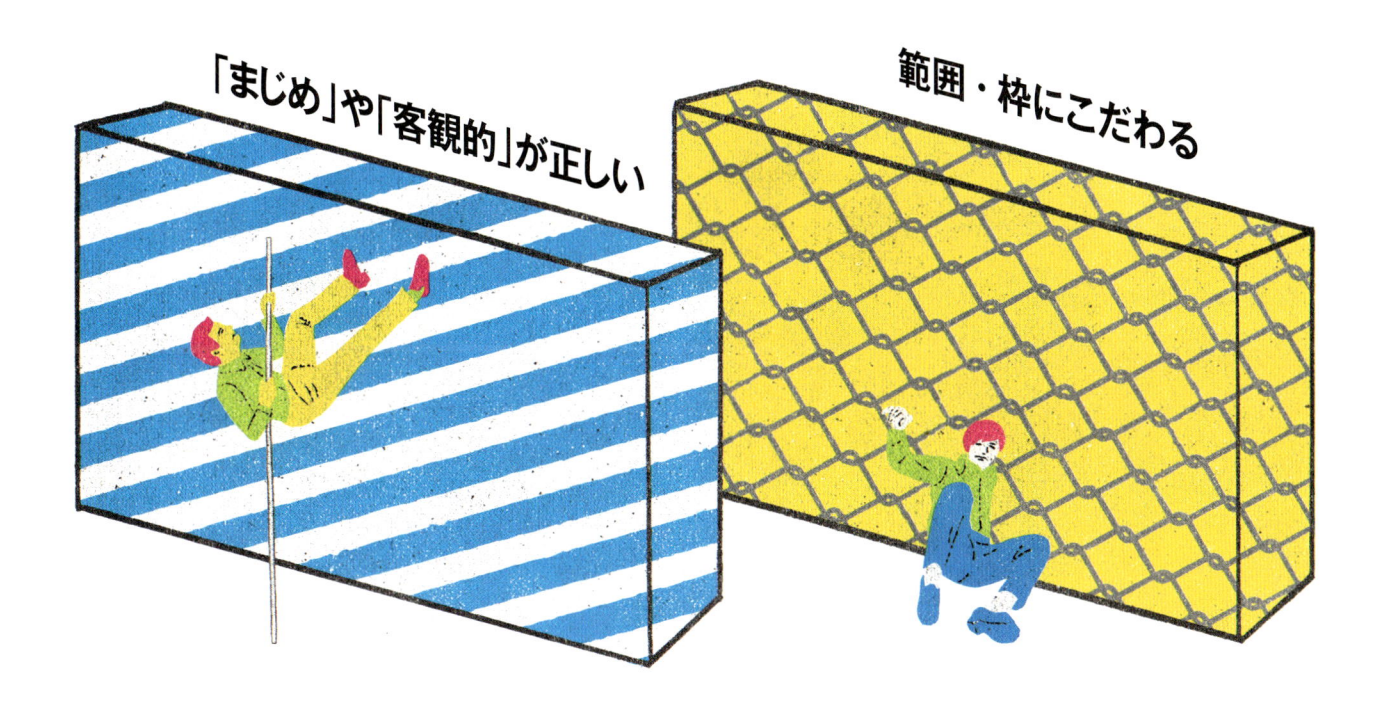

How to use system & design thinking 2

今日から始める システム×デザイン思考

わからないこと ＝ おもしろいこと からスタート

　どんなに仕事ができる人でも、理解できない問題や、すぐには答えが出ない問題に直面することがあるでしょう。そんなとき、問題から逃げたり、問題を放り出したくなります。

　世の中には自分に理解できないこともあるという前提からスタートしましょう。そして、理解できない問題に出会ったら、とりあえず「おもしろい箱」に入れておいて、あとでゆっくり考えるという習慣をつけましょう。理解できないことを入れる箱をつくって、「おもしろい」というラベルを貼っておきましょう。「ノーの箱」に入れると、それで終わりになってしまうからです。

　「理解できない」「答えがわからない」ということ、それこそまさにイノベーションが起きるのを待っているポイントかもしれません。そんなポイントを見つけたら「ラッキーなこと」だと思って、前向きに対処しましょう。ここでも大切なのは、自分1人で考えようとせず、仲間を見つけてみんなで考えることです。

　ビジネスパーソンにとっては、企画書を書いたり、新規事業の計画を練るなどといった場面が、思考の枠外へと試行錯誤するチャンスです。考えることを積極的に楽しんで、わざわざ手間をかけて取り組みましょう。

　もしかしたら、答えがない問題かもしれません。それならそれで歓迎です。いくつかの「インサイト」が得られていたら、そこから問題解決に向かうこともできます。

　システム×デザイン思考のマインドセットができると、自分が解けない問題を見つけると、うれしく感じるようになります。なにしろ、自分を変え、世界を変えるチャンスなのです。「よい答えを出したい」「よい解決方法を見つけたい」と思うようになります。あなたもぜひ、解けない問題や理解できない問題にチャレンジしてください。

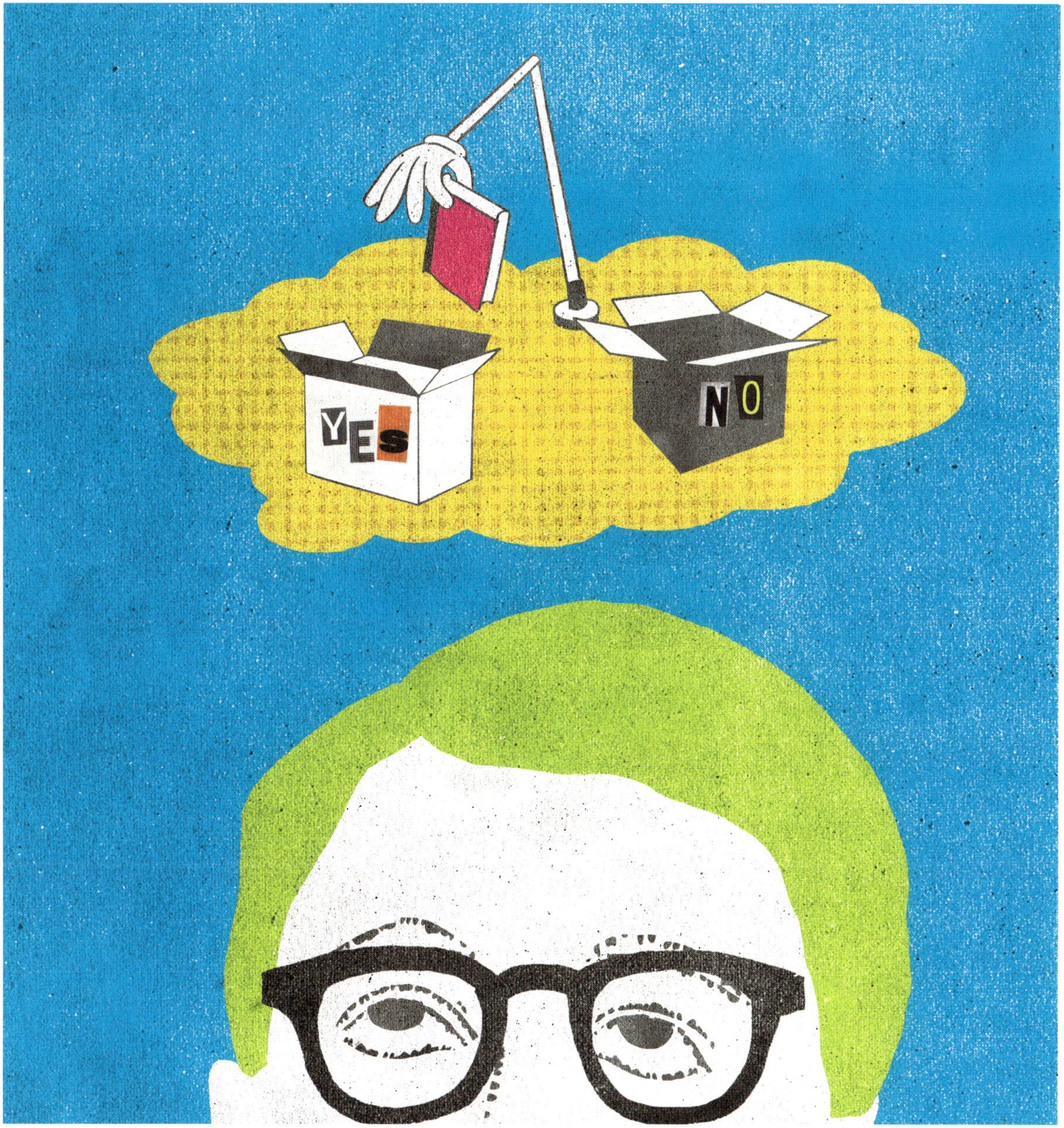
YES
NO

How to use system & design thinking 3

「気づける人」になろう!

興味を持って
観察する

　同じものを見ても、「気がつく人」と「気がつかない人」がいます。目の前のものを詳細に観察して鋭敏に「気がつく人」は、実はとても少ないのが現状です。

　以前、ある会社の新人社員とともに、その会社の取引先を訪れたことがあります。訪問のあとで、その新人社員に「どんな人だった?」と相手の印象をたずねると、「おじさんでした」という答えが返ってきました。「どんなおじさんだった?」と重ねてたずねると、「普通のおじさんでした」という答え。そこで、もう少し具体的に「メガネをしてた?」と聞くと、「わかりません」。「ネクタイをしてた?」と聞いても、「わかりません」。要するに、本当なら誰もが見えているものが見えてないのです。

　このようなことは、「経験の浅い人」ばかりに当てはまるわけでもないのです。もともと人間は、興味がないことは見ようとしません。みなさんにも経験があるかもしれませんが、たとえば、あるメーカーの車を買おうとか、あるミュージシャンのコンサートに行こうと思ったときに、そのメーカーの車が街中を走っていたり、テレビやラジオでそのミュージシャンの楽曲が流れているのが、急に気になるようになったことがあるでしょう。走っている車や流れている楽曲の数は以前と変わらないはずなのに、それらが目立つという印象を受けるのは、あなたの意識が変わったからにほかなりません。

　つまり、興味を持つことができれば物事をきちんと観察できるということです。興味がないのに興味を持つのは容易ではありません。そのため、興味を持てるポイントを探す、あるいは、興味がないけれども観察するということを、意識的にできるようにトレーニングする必要があります。

　大切なのは、アンテナを立てて、大げさに感じることです。新聞やウェブでニュースを読むにしても、いちいち「すごい!」「すばらしい!」と思いながら読むのと、ただ事務的に飛ばし読みするのとでは、気づきに差が出ます。最初は無理やりで構わないので、大げさに感激してみることも重要です。

観察したらアウトプットしてみる

　次は、それをなんらかのカタチでアウトプットすることです。一番簡単なのは、周囲の人と話すことです。言いたいことを相手に伝えるには、話の順番や言い回しを考えなければならないので、頭が整理されます。また、相手が同感しなかったり、意見が違ったりすれば、自分とは異なる観点や考え方があることに気づき、自分1人では見過ごしてきたものが見えてきます。

　たとえば、みんなが同じように「iPhoneはすごい！」という感想を抱いたとしても、その理由は人によって違うはずです。デザインがかっこいいという人もいれば、売り方がイノベーティブだという人もいるでしょう。人の数だけ、異なる観点があります。1人だけで考えていては、気がつく能力はなかなか向上しません。できるだけ多くの人といろいろな話をして、多様な観点を身につけましょう。

　立場の異なる人が、それぞれに価値を主張し、新しい価値へと変換していくというのが、私たちが提唱している協創（Co-Creation）の基本的なプロセスです。そこで重要なのは、情報、判断、行動、成果のどこかを変えることです。人は何かを見て、何かを理解し、何かを判断して、結果を出します。どこかを変えないと、アウトプットは変わりません。意識的にどこかを変えることが必要です。

　集中して観察し、なにかに気づき、その結果をありのままに受け止めて、アウトプットに反映する——。簡単なようで、難しいことですが、この習慣を身につければ、システム×デザイン思考に一歩近づくことができます。

　物事を観察する際に、もう1つ注意すべきは、安易にカテゴライズしたり、レッテルを貼らないことです。経験が豊富な人ほど陥りやすい傾向がありますが、何かの問題が起こったり、何かの話題になったときに、あまり考えようとせずに「それは○○と同じだよね」とか「○○系でしょ」というふうに思考のバイアスをかけ、既存の分類でひとくくりにしてしまいがちです。

　いったんカテゴライズをしたり、レッテルを貼ってしまうと、そこで思考が停止して、新しいアイディアにたどり着きません。カテゴライズやレッテルは物事をたとえて説明するときには有用ですが、思考の枠外に飛び出すプロセスを実感するためにはギリギリまで枠にはめないことを楽しんでください。

目の前のことから発想する

イノベーションという現象は、後から振り返ると、ものすごくジャンプしているように見えます。だからといって、ジャンプをすれば、すべてイノベーションにつながるわけではありません。ジャンプすることに重きを置きすぎないようにしましょう。ジャンプして成功するという事例の裏には、無理して痛い目にあう事例が数限りなく存在します。1本のホームランを打つには、何度もの三振を覚悟しなければなりません。

まずは目の前のことを大切にしてください。身近な人々が感じている不便や不自由に目を向けてください。困ったり、苦しんでいる状況を、なんとかしてあげたいと思う気持ちが出発点です。利他の心がイノベーションの源泉なのです。近所の交差点を渡ろうとしているお年寄りがいつも困っていることに「気づける人」になってください。そのことに気がつくことが、世界を変えるイノベーションにつながるのです。

イノベーションとは、未来の人が振り返ってみたときに、「あれはイノベーションだった」とわかるものです。いま現場で何かをやっている人が「これがイノベーションだ」と言えるようなものではありません。やみくもにイノベーションを追いかけるのではなく、「目の前のこと」から発想することも大切です。

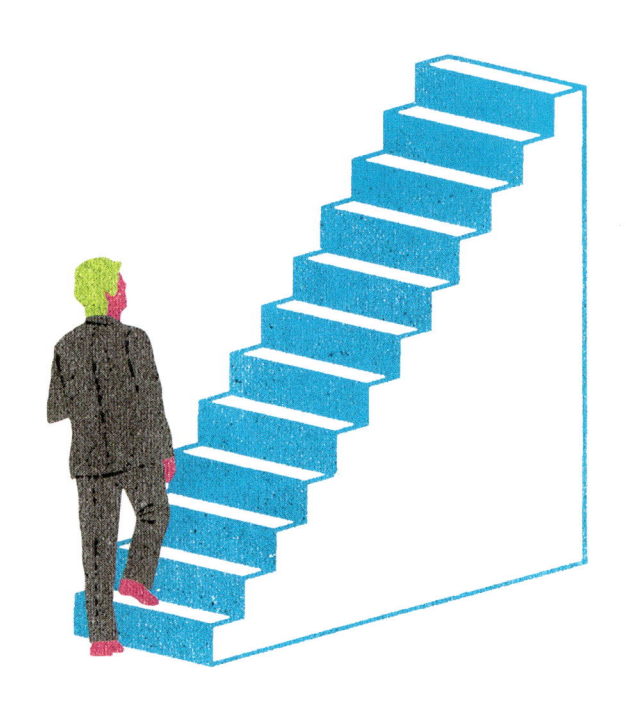

無意味なルールや習慣
―石の猫

　ある古い教会で、神父が猫を飼っていました。

　ところがこの猫がイタズラ好きで、神父が祭壇の前でお祈りするときにちょっかいを出したりするので、お祈りの最中には、猫を祭壇の脚に紐でくくりつけるようにしました。

　やがてこの神父が亡くなり、2代目の神父が猫の世話を引き継ぐことになったのですが、彼も先代の神父にならい、お祈りのときには猫を祭壇につなげました。

　3代目の神父も猫を飼いました。そして、先輩たちのことを思い出し、自分もお祈り中には猫を祭壇の脚につなげるようにしました。

　4代目の神父は面倒くさがり屋だったので猫を飼いませんでしたが、先輩たちの習慣を絶やさないようにするために、生きた猫ではなく石の猫をつくり、祭壇の脇に置くようにしました。

　5代目の神父は、石の猫が床の上に置かれているのを見て邪魔だと感じ、それを祭壇の上に置くようにしました。

　そして、6代目以降の神父たちは石の猫に向かってお祈りをするようになりました。いつのまにか石の猫が崇められるようになったのです。いまでは、なぜ石の猫が神聖な存在になったのか――誰もその経緯を知りません。

　これは古くからヨーロッパに伝わる寓話です。

　そもそもどういう経緯で始まったのか、何を目的にやっていたのかを考えず、これまでそうやってきたからという理由で続けているものは要注意です。

　多くの仕事は前任者の引き継ぎ、先輩や上司の指導、慣習などから学び、継続されています。ときには、立ち止まって「なぜ、これをやっているんだろう？」「最初はどういう理由でこれを始めたんだろう？」という素朴な疑問を投げかけてみましょう。

　実は意味がなかったということもあれば、意外にきちんとした意味があったということもあるでしょう。意味がわかれば、対応することが可能になります。新しいことを考えるときに先人の知恵に立ち返る習慣をもつと、驚きや発見に出会えるかもしれません。

　みなさんの周囲に「石の猫」はありませんか？

How to use system & design thinking 3
チームでイノベーティブに発想するための システム×デザイン思考活用術

遠くへ行くなら、仲間とともに

　たしかに、何人もの人が集まってブレインストーミングなどしなくても、1人で取り組んだほうが効率がよい仕事もたくさんあります。すべての場面にCo-Creation（協創）が必要だというわけではありません。定型的な仕事で効率が重視される場合は、普段どおりにスピードを重視してください。1人で精神を集中して、徹底的にロジカルに考えなければいけないときもあります。

　しかし、1人ではいずれ限界に突き当たります。自分が思いつく範囲や自分の能力を超えてアイディアを発展させたり、意外な解決策を見つけることが難しくなります。同じ人からは同じようなアイディアしか生まれません。

　Part1でも述べましたが、いろいろな人が集まってみんなで考えると、1人で考えるよりも、よりイノベーティブなアイディアが生まれます。私たちは「Co-Creation（協創）的アプローチ」や「集合知」と呼んでいますが、アカデミックな世界でもビジネスの現場でも、このアプローチは有効です。

　「みんなで取り組むと、よりよいアイディアが生まれ、よりよい結果に結びつく」という感覚を持って、職場の仲間や取引先やお客さんなどといっしょになって、考え、行動する機会を大切にしてください。Co-Creationは、ビジネスだけでなく、人生のさまざまな場面で役に立つ考え方です。

　一般に日本のビジネスパーソンは、この「みんなで取り組む」ということが苦手なようです。企業研修などの経験からも言えることですが、多くの大企業の管理職は「できるヤツ（＝オレ）しかできない」と思っている人が少なくありません。多様性というものを信用していないのかもしれません。研修の場では納得しても、職場に帰ると、もとに戻ってしまう人が多いようです。

　みなさんには、「意見の違いは価値である」という認識を持っていただきたいと思います。自分と違うアイディアはインサイトの宝庫なのです。

If You Want To Go Fast, Go Alone. If You Want To Go Far, Go Together.

速く行きたいなら、一人で行きなさい。
遠くへ行きたいなら、みんなで行きなさい。

――アフリカに古くから伝わる諺――

How to use system & design thinking 3

最初の小さなチームで始める
アイディアづくりのコツ

　職場で何かを決めなければいけないときに、3〜4人が集まって議論をすることがよくあります。そんなときに、はじめから「どれが正しいか？」とか「どれを選ぶべきか？」という方向で議論を進めると、あまりよい結果に結びつかないことが多いものです。

　たとえば、3人が1つずつアイディアを出して、「どれにする？」という決め方をすると、その時点でアイディアが3つに固まってしまい、よりよいアイディアに発展する芽を摘んでしまうことになります。また、会社の場合は上司と部下、先輩と後輩といった序列がありますから、アイディアの良し悪しよりも、誰のアイディアかという点が重視されやすくなります。いつも結局は上司のアイディアが採用されるというのでは、そもそも議論をする意味がありません。

　どれか1つを選ぶという方法より、もっと悪い方法もあります。私たちは「全部乗せ」と呼んでいますが、みんなのアイディアを合体して、わけのわからないアイディアに仕立ててしまうことです。みんなに「何を食べたい？」と聞いたら、「ウニ丼」と「イクラ丼」という声があがったので、「じゃあウニ・イクラ丼にしよう」というのならセーフです。でも、さらに「トンカツ」と「カレー」という意見が出たからといって、「ウニ・イクラ・カツ・カレー丼」にしてはいけません。これはアウト（笑）でしょう。

　日本の製造業が、本当に使うかどうかわからないほど多機能な新製品を発売することがよくありますが、これも「全部乗せ」の一例と言えるでしょう。たとえば、新しい芝刈機を開発することになったとしましょう。Aさんが「環境にやさしい」、Bさんが「運動にもなる」、Cさんが「収納しやすい」というキーワードを出したからといって、「太陽電池と万歩計を搭載して、しかも折り畳み式で……」とすべての機能を盛り込もうとすると、たしかに多機能だけれども、一部のユーザーにしか役に立たない製品が出来上がってしまいます。

　複数のアイディアについて議論するときには、そのうちの1つをそのまま採用したり、安易に合体させたりせずに、まずはアイディアの違いを楽しむという姿勢が大切です。1人ひとりが、その人ならではのアイディアを出して、それをみんなで考えて、悩んで、育てて……というプロセスから、よりよいアイディアが生まれます。

全部乗せは危ない！

「楽しそうな場所」をつくることの重要性
―ストーンスープの話

　旅人が小さな村にたどり着きました。空腹を抱え、旅人は食べ物を乞いながら民家をたずねますが、「食べさせるものはない」と断られてしまいます。

　しかたがないので旅人は村の広場で火を起こし、持っていた鍋を火にかけてお湯をわかしはじめます。しばらくすると、そんな旅人の様子に興味をもった小さな女の子が近づいてきました。

「ねぇ、なにしてるの?」

　旅人はこう答えました。

「ストーンスープをつくるんだよ。でも、それには丸い石が必要なんだ」

　それを聞いた少女は、どこからか丸い石を拾ってもってきました。

「これでおいしいスープができる。だけど、もっと大きな鍋じゃないと入らないなぁ……」

　これを聞いた少女は、家から大きな鍋を転がしてきました。母親もいっしょです。

　大鍋から湯気がたつと、何人かの見物人が集まってきました。そこで旅人はスープを味見します。

「悪くないけど、ニンジンがあればなぁ……」。

　すると、見物人の1人が一束のニンジンを調達してきました。旅人はニンジンを鍋に放り込み、再び味見をします。

「おいしくなった。でも、タマネギも入れると、もっと風味が出るんだけど……」

　ここで、待ってましたとばかりにタマネギが届きます。タマネギを鍋に入れた旅人は、今度はこう言いました。

「お肉があれば、もっとおいしくなるんだ。野菜も、もっとたくさんあるほうがいいな。あと、塩とコショウはないかな?」

「それならうちにある!」

　そう言って村人たちは、家からさまざまな食材を持ち寄り、次々に鍋に放り込みます。セロリ、ジャガイモ、きのこ、豆――具材でいっぱいになった大鍋はあふれそう。ぐらぐら煮立ったスープからはおいしそうな匂いが漂ってきます。

　旅人はもう一度味見をして「できた!」と宣言します。たっぷりのスープは、村中の人がお腹一杯になるほど。「こんなにおいしいスープが石からできるなんて!」。

　村中のみんなが驚きました。

この物語は、ヨーロッパで古くから語り継がれてきた民話のあらすじです。物語を特徴づけているのは、次のような点です。

1. 外部からやってきた者が刺激となり発端となる
2. 目標も計画もない
3. さまざまな立場の者が互いに協力する
4. 予想以上の結果が生まれる

　また、成功をもたらした要因として、次のような点を指摘できます。

● ストーンスープという「マジカルワード」
● レシピ（調理法）を誰も知らない
● みんなが集まる「場」をつくる
● 立場の異なる参加者
● 予想と期待を上回る
● 新しい「関係づくり」

　実は、こうした特徴や要因は、企業のマーケティングや新規事業開発にも当てはまります。とくに最近は、「まだ、具体的になっていない何か」を語り、「周囲を巻き込んで関係をつくる」といった行動が重視されるようになっています。まさに、ストーンスープの旅人の役割ですね。
　マーケティングや新規事業開発の現場では、天才や奇才による「誰も見たことのないアイディア」「考えたこともないアイディア」が待望されることがよくあります。
　もちろん、現実にそんなアイディアが生まれるならすばらしいことですが、お目にかかることはめったにありません。実際の企業活動の様子を観察してみても、1人の天才的なひらめきが発端となって画期的な商品やサービスが誕生し、誰もが買いたがる──といった現象は起きにくくなっているように感じます。
　一握りの優秀な人間の能力に頼って物事をつくりだしたり、問題を解決しようとするアプローチでは、なかなかうまくいかない──。そんな時代を迎えつつあるのではないでしょうか。むしろ、このストーンスープの物語のように、周囲が好奇心を持ち、魅力を感じ、そのプロセスに「乗らないではいられない」ような環境づくりが重要だという認識が徐々に広まり、そんな環境のもとでチームを方向づけられるリーダーが求められていると言えそうです。
　この物語を読んだ人のなかには、もしかしたら、旅人のことを「口先だけじゃないか」とか「本人は何もやっていないのに……」と批判する人もいるかもしれません。「結局、おいしいスープができたのは周囲のおかげ」ということなのでしょうが、それでもいいのです。自分で言い出したことをきちんとやり遂げて、周囲に幸せになった人がいるという事実が重要です。なかでも、「楽しそうにやっている場所」をつくり、そこに人が集まるという点がすばらしいのです。
　この旅人には、現代のマーケティング担当者、新規事業開発担当者、新会社の責任者の姿が重なるようにも思えますが、みなさんはどう感じますか？

テーブルの同じ側に座る

YES AND

　人と話すときに「対立構造」になってはよいアイディアが生まれません。会社の会議などで議論が白熱すると、それだけで満足感や達成感をおぼえる人もいるかもしれませんが、冷静に振り返ってみると、まったく話が進んでいないとか、何もアイディアが生まれていないことも多くあります。対立の議論を是とする考え方は早く卒業して、みんなとどのように話をすれば、一緒になってよいアイディアを生み出すことができるかという、「Co-Creation（協創）」の意識で議論するようにしましょう。

　企業や社会のなかで、対立構造はいろいろな場面で生じています。上司は「働かせる人」で部下は「働く人」、部下は「提案する人」で上司は「判断する人」、営業は「売る人」で顧客は「買う人」、管理部門は「ルールを守らせる人」で他部門は「ルールを守る人」――などです。

　肩書きや立場、役割を考慮するなら自然なとらえ方ですが、こうした対立構造では、どちらが得をするか、あるいは、どちらが損をするかという意識が強くなるため、お互いの発想が限定されてしまいます。このような前提では仕事が進みにくいので、できるだけ対立構造を避けるように心がけてください。

　そのためには、テーブルの反対側に座って議論するのではなく、テーブルの同じ側に座ってみるというのも、1つの方法です。お互いにチームメイトになったように、同じゴールを目指して議論してみると、いろいろなことが案外うまく進みます。同じホワイトボードを見ながら議論するのもよいでしょう。「スタンスがそろっている」チームは強いのです。

　議論の会話のコツは「Yes, and」です。これは、どのような状況であっても、また、相手の意見が自分の考えと正反対であっても、いったんは受け入れて（Yes）、そのうえで提案する（and）というアプローチです。議論が思い通りに運ばないからといって怒ったり、相手を否定しても何もよいことはありません。「Yes, but」にならないポジティブで生産的な議論を心がけましょう。

　もう1つ重要なのは、お互いの違いを尊重して、楽しむということです。自分のことを相手に理解してもらえないとか、逆に、相手のことが理解できないのは当然です。お互い違うからこそ、議論する意味があるわけです。「考え方も表現も違う人間が集まって何か新しいことを生みだす」という多様性のメリットを理解していると、お互いの違いを楽しみながら、イノベーティブなアイディアを生み出せるようになります。

Co-Creationに向く人、向かない人

Co-Creationに向く人は、どんな人でしょうか。ひとことで言うなら、Co-Creationに向く人は「オープンでクリアでフェアな人」です。どんな状況でも前向きに柔軟に対応しながら、きちんと目的に向かって着実に歩みを進めることができる人と言い換えてもいいでしょう。

Co-Creationに「向く人」と「向かない人」の特徴をまとめると、このようになります。

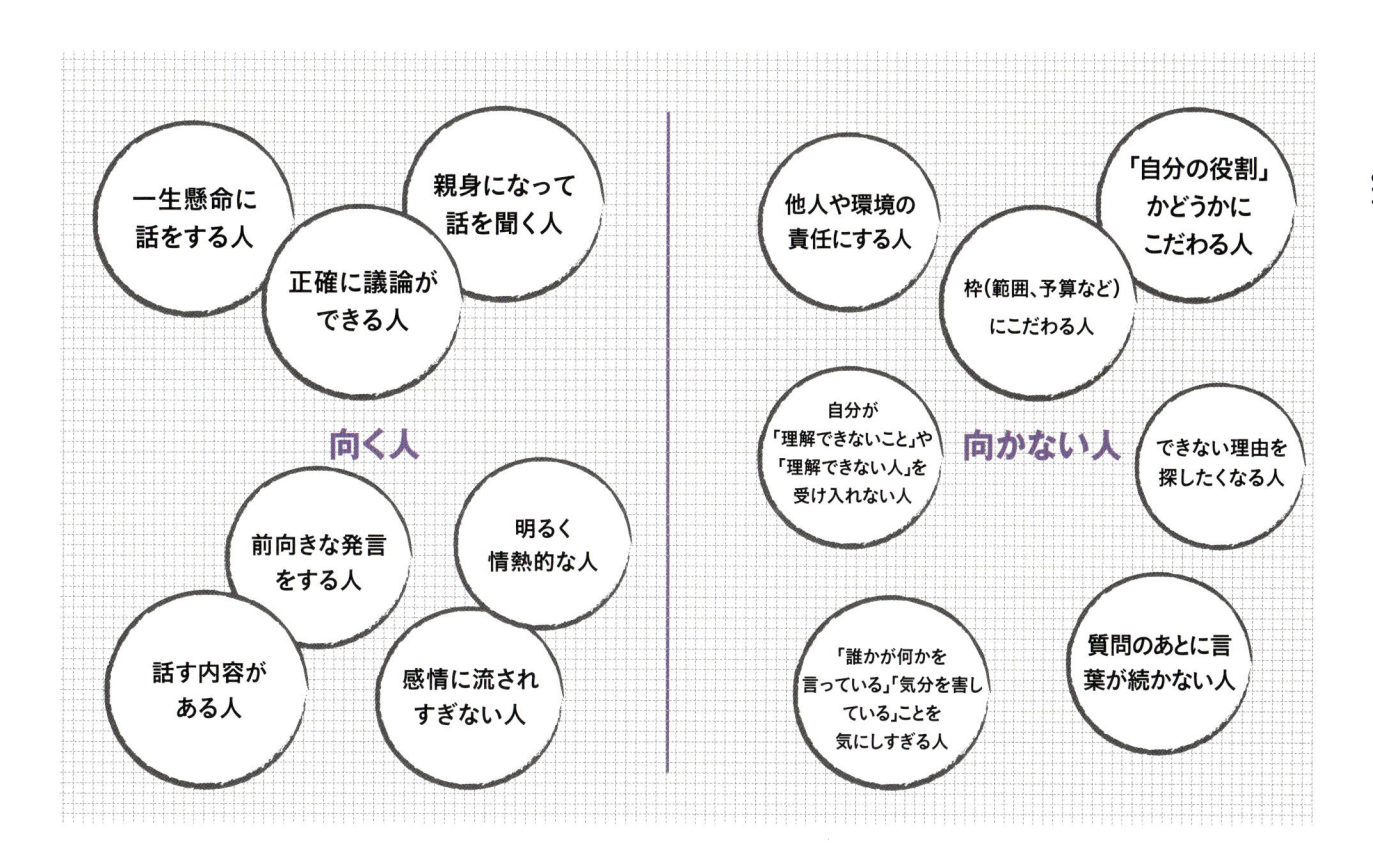

向く人

- 一生懸命に話をする人
- 親身になって話を聞く人
- 正確に議論ができる人
- 前向きな発言をする人
- 明るく情熱的な人
- 話す内容がある人
- 感情に流されすぎない人

向かない人

- 他人や環境の責任にする人
- 「自分の役割」かどうかにこだわる人
- 枠（範囲、予算など）にこだわる人
- 自分が「理解できないこと」や「理解できない人」を受け入れない人
- できない理由を探したくなる人
- 「誰かが何かを言っている」「気分を害している」ことを気にしすぎる人
- 質問のあとに言葉が続かない人

まずはブレインストーミングから始めよう!

　問題解決や新規事業開発などに携わるチームにとって、さしあたり重要なのは、とにかくアイディアや意見が出るような環境をつくることです。

　システム×デザイン思考の手法のなかで一番手軽に取り入れることができるのはブレインストーミングです。しかし、職場によっては、ブレインストーミングを提案することさえ難しいという人も少なくないでしょう。そのような環境であれば、まずは、ミーティングや会議の場に付箋やマーカーを持ち込むことからはじめてみてください。みんなが集まって、わいわいがやがや声を出して、手を動かしているうちにいつも以上にアイディアが生まれてくることに気づくでしょう。

　できれば、参加者の多様性が反映されるようなテーマで議論を進めることをお勧めします。ネーミング（プロジェクトの名前、商品の名前など）、販売促進の企画など、自由度が高くて、既存の思考の枠外に飛び出した発想がめられるものが適しています。思考の枠外に飛び出すために、みんなが前向きに楽しく考えられるようなテーマ（＝設問）を考え

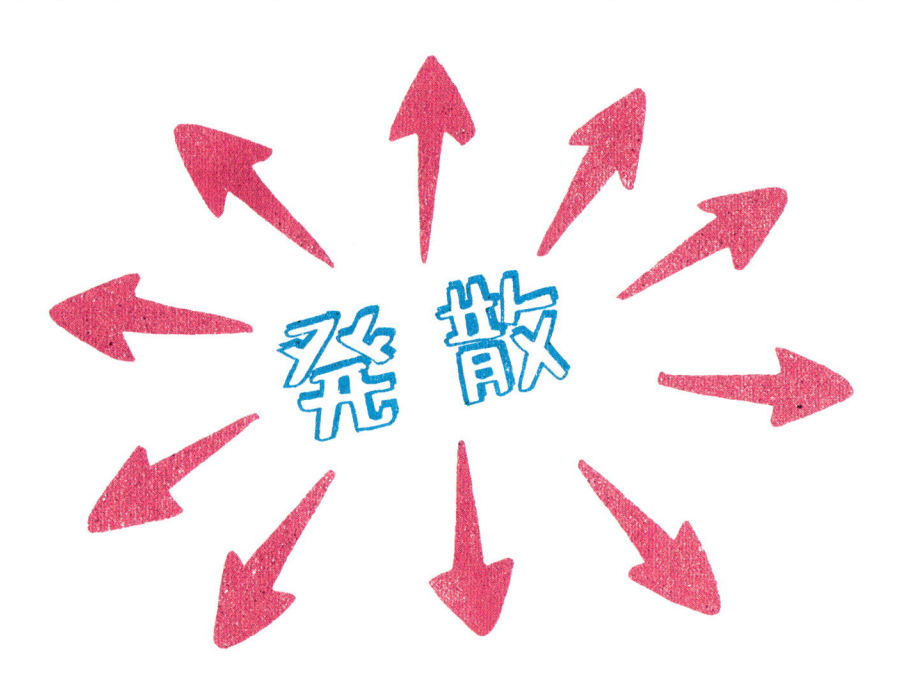

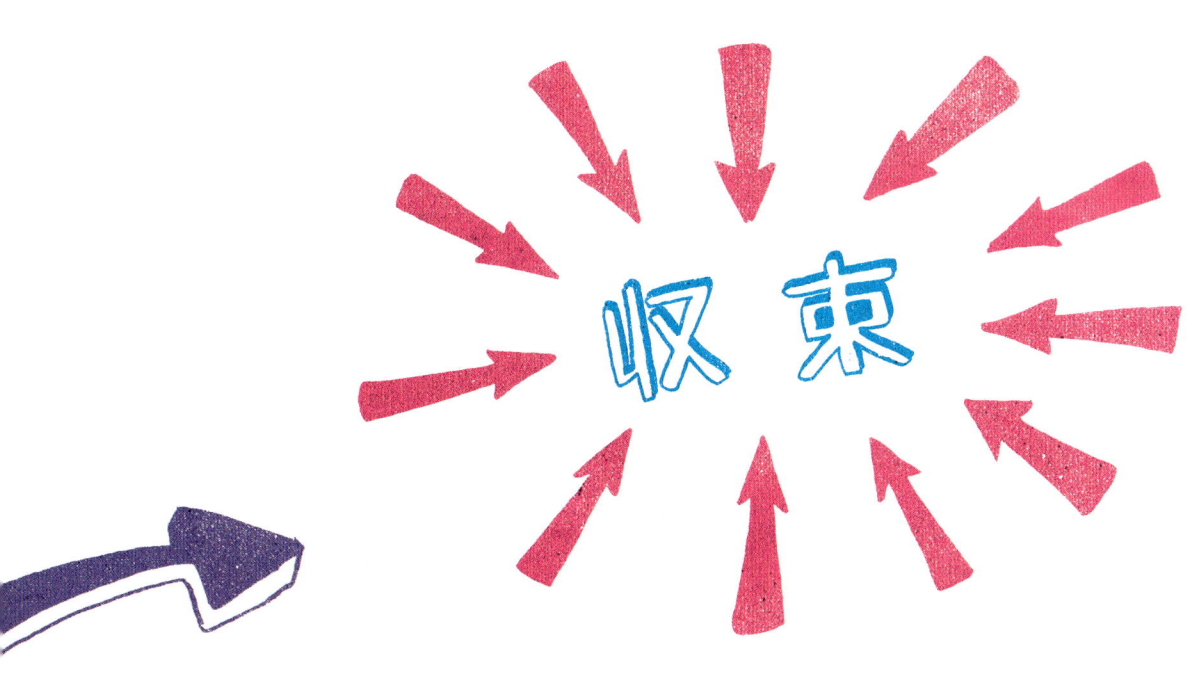

ましょう。

　大切なのは、全員でルールを確認して、それを共通認識することです。ブレインストーミングに限らず、「ルールを理解し、共通認識を持つ」ことができるようになると、さまざまな技法をチームとして使いこなせるようになります。

　簡単なテーマでアイディアをたくさん出して、「チームでアイディアを出すことのよさ」と「ルール、手順を決めて守ることの大切さ」を実感できたら、より複雑な課題（たとえば、来期の計画づくり、新規事業の立案）にトライしてみるとよいでしょう。

　実践してみて、あまりよいアイディアが出なかったとしても、それはよしとしましょう。まずは、みんなが参加して、楽しんで、たくさんのアイディアが出たということで十分です。成果だけに注目するのではなく、新しい思考のプロセスを取り入れることで、いつもとは少し違う視点を持てるという点を重視してください。

　ポイントは、それぞれの会議の目的とゴールをはっきりさせることです。その際、アイディアを出す会議（発散）と、出したアイディアから意思決定をして計画を作成する会議（収束）を分けることです。同じ時間内にやらなければいけないときには、インターバルを挟みましょう。この「モードを分ける」というのは、意外に重要です。

　できるだけ集中できるように、わかりやすいテーマを設定し、発散と収束のモードをうまく切り替えることを心がけてください。

問題解決や新規事業は楽しい!

企業研修などで「問題解決」をテーマに議論をしてもらうと、問題を探し出すことばかりに意識が向かって、それだけで大半の時間が費やされてしまうことがよくあります。

本来、問題解決というのは問題を「解決」することが目的であるはずです。それなのに、問題を探すことばかりに熱中すると、何を解決しようとしているのかがわからなくなってしまいます。

どんな組織でも、問題を探そうと思えばいくらでも見つかります。1つ問題が見つかると、それを分解して「これも問題だ」「あれも問題だ」と言い始める人が必ず出てきます。そうなると、「こういう問題とこういう問題があって、さらにこういう問題があり……」というふうに問題をどんどん分解・追求していくモードに入ります。ある意味で理にかなっていますが、必ずしも建設的とは言えません。

問題探しばかりを続けていると、それだけで疲れてしまい、問題を解決しようとする気が失せていきます。「これもできていない……」「あれもできていない……」と、話が自分たちの欠点ばかりに集中するので、暗い気分になります。

イノベーションの創出を目指すのであれば、問題探しだけに時間を費やすべきではありません。問題があるのなら、それを「どうすれば解決できるか」「どうすれば改善できるか」といったポジティブな姿勢で議論を進めるマインドセットが有効です。

積極的に思考の枠外に出て行くことを意識して、試行錯誤しながらアイディアを育てていくことが大切です。「こうしてみれば?」「悪くないけど、ここがちょっと……」「じゃあ、これならどう?」「いいね。ついでに、ここも変えようか……」—といった感じです。こんな調子なら気分が落ち込むこともなく、健康的に議論を終えることができるでしょう。勉強ができない子どもに「ここがダメ」と言い続けるのと、「こうやってみなよ」とアドバイスをしてあげるのでは、どちらが効果的かを考えてみてください。

問題解決は「問題重視」ではなく「解決重視」で取り組みましょう。本来、新規事業や問題解決は、自分たちが置かれた状況を「よりよいものに変える」というクリエイティブな行為です。明るくポジティブに、実行重視を忘れずにチャレンジしましょう。

ポジティブ原則

SDM + Fun! = Creative & Innovative

　ブレインストーミングをはじめとするシステム×デザイン思考を実践するときには「楽しむ」という姿勢が有効です。アイディアを付箋に書くという行為ひとつをとっても、絵を添えたり、派手な色を使ってみたりして、少しでも明るく、楽しく作業を進められるように工夫することをお勧めします。あるいは、殺風景なオフィスの雰囲気を変えるために、マンガのポスターを貼ったり、キャラクターのフィギュアを飾ったり、鉢植えのプランターを置いたりするのも効果が期待できるといわれています。

　ただし、本当に重要なのは、カタチではなく考え方です。ここを誤解しないでください。カタチから入るのもときには有効ですが、思想に裏づけられていないと長続きしません。たとえば、「クリエイティブな空間からイノベーションが生まれる」というようなコピーを鵜呑みにして、シリコンバレーの最先端企業の真似をしてオフィスの模様替えをしてみても、効果は期待できないかもしれません。現状の日本人ビジネスパーソンの勤務スタイルを考慮するなら、シリコンバレー風のオフィスがそのまま機能するとは限りません。むしろ、「クリエイティブなオフィスなど存在しない」と割り切って、現状の置かれた環境で、許される範囲で楽しく仕事をする工夫を凝らすほうが得策かもしれません。限られた空間を楽しく使うという発想こそが、クリエイティブです。

すべては行動から始まる

インターネットで「薩摩の教え〜男の順序」が話題になりました。男の価値は次のように決まるというものです。

1. 何かに挑戦して成功した人
2. 何かに挑戦して失敗した人
3. 自分では挑戦していないが、挑戦する人を手助けした人
4. 何もしない人
5. 何もせず、他人の批判だけをする人

　何もしないで口だけ動かしているような人より、失敗してもいいから行動を起こして何かに挑戦するほうが偉い、という価値観に多くの人が賛同したのでしょう。

　何かに挑戦すれば、うまくいくこともあれば、いかないこともあります。ベストを尽くしたとしても、その結果をコントロールすることはできません。

　何かに挑戦したけれどもうまくいかないという状況を、どう評価するかがポイントになります。ここで「やった分だけ損をした」「やらないほうがよかった」と思ったら、進歩がありません。

　望んだ結果が得られなくても、挑戦する過程で経験したことは貴重な財産になるはずです。「この方法ではうまくいかないことがわかった」という具体的なフィードバックが得られることもあるでしょう。なかには「何も教訓が得られなかった」と思えるようなひどい失敗もあるかもしれませんが、それでも、「やらなければよかった」と悲観すべきではありません。「うまくいかないからこそおもしろい」とポジティブに考えて、挑戦を続けることが大切です。

さぁ、チャレンジしよう！

PK puo rimuoverla, PK solo con il coraggio di calcio.

　多くの有識者が指摘しているように、現代の社会では「何かをして失敗するリスク」より「何かをしないことのリスク」のほうが大きくなっています。

　もちろん、「何もしなくてもうまくいく」というケースがないわけではないでしょうが、棚からぼた餅のような幸運に恵まれたからといって、手放しで喜んでよいのかどうか、疑問が残ります。そのまま何もせずに幸運が続くとも限りません。

　結果は選ぶことができません。現実の社会では、うまくいくこともあるし、うまくいかないこともあります。1つだけ言えるのは、「やれば、失敗するかもしれないけれども、やらないと成功しない」ということです。ならば、何をすればいいのか——。世界中の人たちが社会を変えるために必死になって工夫し、努力を重ねています。

　みなさんの選択肢は「やる」と「やらない」しかありません。自分の力ではコントロールできない結果についてアレコレ考えるのではなく、自分でコントロールできる自分の行動を中心に選択しましょう。

　フィールドに出て、行動しましょう。テレビの前で批判ばかりしているのは不毛です。変化のスピードが速い現代では、いつもフィールドに立ち、変化を感じていなければ、何もなしとげることはできません。

　かつて、参謀やブレインといった存在が注目されたことがありましたが、いまでは、現場から遠いところにいてアドバイスだけを提供するというマネジメント手法は時代遅れになりつつあります。参謀として結果を残している人がいるとしても、その多くは、自ら現場に身を置いた経験をもとに専門性を磨いて、プレーヤーの気持ちになって考えられる人物が多いようです。

　イタリア・サッカー界の名プレーヤー、ロベルト・バッジョも言いました。PK puo rimuoverla, PK solo con il coraggio di calcio.（ペナルティキックを外すことができる者は、蹴る勇気のある者だけだ）。

　成果を出したいのなら、行動すべきです。告白しなければ異性と付き合うことはできません。提案しなくては受注することはできません。サーブを打たなければ得点は入りません。

　行動しない人たちはあれこれ文句を言うかもしれませんが、成果を得るのは自ら行動した人間だけです。

　世界を変え、自分を変えるために、ともに行動を起こしましょう！　さあ、システム×デザイン思考でイノベーションを起こすために立ち上がりましょう。日本のために。そして世界のために。

システム×デザイン思考をめぐる 33のQ&A

私たちはシステム×デザイン思考の講義やワークショップ、他大学、企業、官庁などとの共同プロジェクトを通じて、数年間で5000人をゆうに超える方々とイノベーション創出の活動を続けてきました。そのなかで「システム×デザイン思考を使い、自分たちの手でイノベーション創出をしていくためにはどうしたらいいのか」という真摯で切実なご質問をたくさんいただき、お答えしてきました。特に多くの質問をいただいたポイントをQ&Aとしてまとめました。

Q&A

Q&A 1

アイディア、コンセプト、ソリューションの違いは何ですか?

日本語では、新しいアイディア(new idea)やよいアイディア(good idea)のことをアイディアと呼ぶことがありますが、本書では、良い悪いにかかわらず、思いついたさまざまな考えを「アイディア」と称しています。「コンセプト」は学術的には概念という意味で、ここでは、新しいアイディアがそれなりに形になったものを指します。「ソリューション」は、最終的な解決策という意味です。

Q&A 2

インサイト、気づき、洞察の違いは何ですか?

インサイト(insight)は「気づき」や「洞察」と訳すのが一般的ですが、本書では、単なる気づきというよりも、フィールドワークやプロトタイピング、アイディエーションのプロセスのなかで新たに気づいた、イノベーションのための重要なヒントのことを指して「インサイト」と呼んでいます。

Q&A 3

フィールドワーク、オブザベーション、インタビューの違いは何ですか?

学術的にはさまざまな定義があると思いますが、本書では、教室や研究室から出て、検討の対象となる人やものが実在している現場(フィールド)に出かけておこなう活動全般を「フィールドワーク」と呼んでいます。フィールドワークのなかには、観察を重視する「オブザベーション」、居住者といっしょに生活して文化を観察する「エスノグラフィ」、人々の声を聞く「インタビュー」、文献やインターネットで情報を検索・収集する活動などが含まれます。

Q&A 4

システム×デザイン思考はどのような考え方なのですか? システム思考、デザイン思考とは違うのでしょうか?

私たちはシステム思考とデザイン思考を重ね合わせて活動しているので、象徴的な意味を込めて「システム×デザイン思考」と呼んでいます。よりよい世界をつくるための活動という意味では相反するものではありません。システム×デザイン思考は思考・活動のための1つのフレームワークですが、物事を型にはめるためのものではありません。全体を俯瞰するという基本的なスタンスのもとで、さまざまな方法・方法論と適切に組み合わせて使うことができるフレキシブルな方法論です。システム思考、デザイン思考、およびシステム×デザイン思考の詳細は本書Part1をご覧ください。

Q&A 5

私はデザインの勉強をしたことがないのですが、システム×デザイン思考を使いこなせるでしょうか?

システム×デザイン思考の「デザイン」は、建築や衣服などの外観をデザインするような意匠という意味ではなく、ハードウェア、ソフトウェア、サービス、政策、組織など、あらゆる物事を新たにつくるという意味で使っています。英語のdesignは、日本語の企画、設計、創造などを含む広い意味の言葉なのです。どんな人も何かをつくる活動に関わったことがあると思いますので、どなたでも使いこなせます。

Q&A 6

私はシステムが苦手なのですが、システム×デザイン思考を使いこなせるでしょうか?

システム×デザイン思考の「システム」は、IT(情報通信)やソフトウェアのシステムを指すのではなく、「複数の要素から成り立っていて、要素間が相互作用するもの」を意味します。ハードウェアも、ソフトウェアも、サービスも、組織も、人間も、システムです。どんな人もシステムに関わったことがあると思いますので、どなたでも使いこなせます。

Q&A 7

本書はアルファベット表記やカタカナ表記が多いようですが、英語が苦手な人でも理解できるでしょうか?

システム×デザイン思考は日本古来の思想からも深い影響を受けており、決して西洋流一辺倒の考え方ではありません。ただし、欧米で体系化されたシステム思考やデザイン思考の用語を数多く取り入れているので、現代の日本語に置き換えると定義が狭くなったり、かえって誤解を招くおそれがあるため、あえて英語やカタカナで表記しているところがあります。いずれも意味は明解ですので、あまり心配せずに読み進んでください。

Q&A 8

チームを編成する際には、どんなメンバーを集めればよいでしょうか?

イノベーションを生み出すためには、できるだけ多様なメンバーを集めることが重要です。年齢、性格、国籍、職種、専門の異なる人を集めることが有効です。たとえば企業でワークショップをおこなう場合、メンバーを社員に限定するよりも、一般市民、美大の学生、ベンチャー経営者など、平均的な社員とは異なるタイプの人をチームに含めると、イノベーティブな結果が得られやすくなります。ワークショップの目的に応じて、多様性を高める方法はさまざまです。幅広くアイディアを

募りたい場合や固定概念を越えたい場合は、できるだけ属性の異なる多様なメンバーを集めることが有効です。専門的に突き抜けたアイディアを見つけたいときは、専門家だけれども多様な視点から発言できるようなメンバーを集めると効果的でしょう。職種や学位など単純な属性だけで多様性を判断するのではなく、どのような多様性を確保したいかという観点から、メンバーの構成を検討してみてください。

また、私たちは、イノベーション創出の活動において、ファシリテーターは単に対話を促進させるためだけの存在ではないと考えています。チームで何かの活動に取り組む際には、話の上手な人がイニシアティブを取るということではなく、それぞれのメンバーが、場面に応じて「いま何をすればよいか」を適切に判断し、多様性を活かしたグループでの思考を実施できる人材が求められています。

Q&A 9

チームのリーダーやファシリテーター（会議などの進行役）はどのように選べばよいでしょうか？

全体に気配りができて、ポジティブで、ロジカルで、明るく、ユーモアがあり、アイディアが豊富で、ビジョンや夢を持っている人が、最高のリーダーです。そんな理想的な人物はなかなかいませんが、本書の内容を理解したうえで経験を積むことでリーダーとしての資質を磨くことができますので、どなたでもトライしてみてください。現代では、変革への志と情熱を持つ人は誰でもリーダーの資質があるという考え方が有力になってきています。「私にリーダーが務まるだろうか……」などと心配せずに、積極的にチームの先頭に立つように心がけてください。誰よりもイノベーション創出への情熱がある人がチームを牽引することが重要なのです。

Q&A 10

ワークショップのテーマは、どのように設定したらよいですか？

本来は、その組織が直面しているもっとも大きな課題をテーマにするのがベストですが、学習や練習のためのワークショップならば、チームでよく話し合ってテーマを決めることをお勧めします。「世界人類の幸福」のような大きなテーマから、「スマホの改良」のような具体的なテーマまで、その組織やチームの専門性や興味によってテーマの選択肢はいくらでも広がりますが、あまりに抽象度の高いテーマや、逆に、あまりに間口の狭いテーマでは、アイディアの発散がなかなか進まない場合があります。「○○を××するにはどうすべきか？」という程度の抽象度に設定すると、うまくいく場合が多いでしょう。参加者の目的意識、興味の範囲、専門的特性などをよく考慮してテーマ

を設定してください。

Q&A 11

ワークショップでは、あらかじめ「落としどころ」を想定するのですか?

あらかじめ「落としどころ」を考えておくことはお勧めしません。たしかに、何がアウトプットとして出てくるかまったくわからないのは不安ですが、だからといって、リーダーやファシリテーターが議論の舵取りをしてしまっては、多様なメンバーによる集合知の恩恵を受けにくくなります。どのような課題があるのかという問題意識と、それに関してリーダーや主催者がどう考えているかというスコープを事前に参加者全員で共有することは重要ですが、議論のなかで出てくるアウトプットはその場ではすべて受け入れるという心構えが大切です。アウトプットを、イノベーション創出のプロセスでどのように活用していくかについては、また別の議論が必要です。

Q&A 12

ワークショップを始める前に、何か準備をする必要がありますか?

ワークショップのテーマや目的によってケースバイケースです。既出のアイディアや議論を把握したうえで参加しないと意思の疎通が難しい場合には、あらかじめ資料を配布するなどの準備が必要になるでしょう。重要なのは、そのワークショップが、イノベーション創出のプロセスのなかでどのような位置づけにあるかを意識し、全体を俯瞰しながら適切なテーマを設定し、必要な準備をおこなうことです。ただし、事前に主催者側が用意する資料やデータには、多かれ少なかれ、ある種の先入観やバイアスが含まれていることには注意してください。

Q&A 13

ワークショップが終わったあとには何をすればいいですか?

もっとも大切なことは、結果をイノベーションにつなげることです。そのために必要なことの1つは「インサイトの抽出」です。ワークショップの最中にインサイトが得られることもありますが、ワークショップ終了後に、参加者ではないメンバーが加わって議論するなかで新たなインサイトが得られることも多いのです。ワークショップを実施したら、十分に時間をかけてチームで結果を検討し、イノベーション創出につながるようなインサイトを探してください。

Q&A

Q&A 14

あるツール（技法）を使ったとき、次に何をすべきかをどうやって決めればよいですか？

本書でも述べましたが、システム×デザイン思考のツール（技法）は、使う順番が決まっているわけではありません。テーマや進捗度に応じて、みんなで話し合って、次にどのツールを使うのがよいかを決めていくのがよいでしょう。イメージできないときには、すべての手法を使ってみることをお勧めします。たとえば、アイディアの発散がうまくいかない場合には、戸外でフィールドワークをおこなって観察からヒントを得たり、アイディア出しの段階でプロトタイプを作成して第三者に意見を求めたり、あるいは、アイディアの発散と収束を何回も繰り返してからもう一度テーマ設定を見直してみるなど、進め方はさまざまです。ワークショップ形式で議論をすることばかりが、イノベーション創出の活動ではありませんので、チームで工夫しながらいろいろな手法を試してみてください。ポイントは「いま、自分たちは何を知りたいのか？ どんなインサイトを得て、何を解決したいのか？」を念頭に置いて考えることです。次はどのツールを使おうか？　と考えるのではなく、目的に応じてツールや活動を選ぶことが重要です。

Q&A 15

ツール（技法）は何種類くらい知っておくべきでしょうか？

技法をたくさん知っているからよいアウトプットが得られるわけではない、ということを声を大にして伝えたいと思います。個々の技法の手順を覚えることよりも、その技法の目的、背景、特性を理解したうえで、自分が取り組んでいるイノベーション創出のなかで、その手法をどう活用できるかと考えることが重要です。技法に使われるのではなく、イノベーション創出のためのツールとして使いこなしましょう。

Q&A 16

なかなか「よい答え」が見つからないのですが、どうしたらよいですか？

理由はいろいろ考えられます。たとえば、設定したテーマが狭すぎる場合、メンバーがなんらかの固定観念にとらわれている場合、メンバーの多様性が低すぎる場合、メンバーの一部が技法を十分に理解できていない場合、やる気が不足している場合などです。対処法としては、いったん議論を止めてフィールドワークに出かけたり、そもそもの問題設定を見直してみたり、アイディエーション→フィールドワーク→プロトタイピングのループを短期間（1週間など）で回してみる、などが考えられます。あるいは、新しいメンバーを加え

て議論してみるのも有効です。従来のチームメンバーでは思いつかなかったような、新味のある視点や着想、考え方に刺激を受けたり、それらを自分たちの行動に反映させることにより、膠着状態を抜け出す突破口が見つかるかもしれません。また、「よい答え」を探そうとすると袋小路に迷い込むことが多々あります。はじめから「よい答え」を求めるのではなく、よい答えが生まれそうなインサイトを見つけようとすると、視野が広がることがあります。そして最後に、情熱とやる気も重要です。社会のどんな問題をどのように解決したいのか――。その熱意を強く持つことが「よい答え」につながることも多々あります。

Q&A 17

ソリューションの候補が複数あるとき、どれをどうやって選べばよいですか？

すばらしいソリューション候補が複数あるのなら、複数をそのまま進めてもよいでしょう。どの案も五十歩百歩ということなら、そのなかから無理に1つを選ぼうとせず、「実現したくて居ても立ってもいられない」案になるまで、さらに洗練させることをお勧めします。本当に優れたソリューション案に仕上がれば、おのずから選びたくなるはずです。

Q&A 18

ワークショップに参加する前に、よいと思うアイディアを思いつくことがあるのですが、1人で考えるアイディアは価値がないのでしょうか？

すばらしいことだと思います。どんどんアイディアを思いついてください。ワークショップは、アイディアを生む場であると同時に、アイディアに説明を加えたり、厚みを持たせたり、バリエーションを広げるための場でもあります。よいアイディアが多いほど、議論が盛り上がります。ただし、自分が思いついたアイディアを押し通そう、守ろうとするのではなく、多様なメンバーとの自由闊達な対話を通じて、課題を見つけたり、ほかの参加者のアイディアと融合したりして、アウトプットに磨きをかけてください。

Q&A 19

イノベーション創出のプロセスに区切りをつけるとすれば、どの段階がよいでしょうか？

イノベーションのプロセスは本来終わりのない営みですが、企業が実務として取り組む場合などには、時間的な制約があるので、一定の段階で終わらせなければならないこともあるでしょう。どの段階で終わらせるべきか、判断は難しいのですが、チームのメンバーで話し合って合意できたときが、プロセスを終了すべきときでしょう。もちろん、すばらしいソリューションが得られて、みんなが自然に合意できれば、それに越したことはありません。

Q&A

Q&A 20

時間や予算に制約があるなかで、イノベーション創出に取り組むことはできるでしょうか？

イノベーション創出のプロセスを時間や予算といった枠にはめると、不十分なソリューションで妥協せざるをえなくなる場合があります。中途半端な終わり方にならないようにするため、限られた時間のなかでも最大速度でイノベーション創出を目指すという努力が必要です。一般に、理想的なソリューションを追い求めすぎるよりも、制約があるなかで1つでも多くの活動をこなし、少しでもよいアイディア、よいソリューションを生み出そうとするほうが有効と考えられます。

Q&A 21

生み出したソリューションを、実際に会社の事業計画に組み入れたり、組織改革につなげるにはどうすればよいでしょうか？

本書ではおもに、イノベーション創出のプロセスを通じてよいソリューションを生み出す方法について解説しています。その後のソリューションの実践・導入に関しては、それぞれの企業や組織の業務プロセスに準じる形で進めていくことになるでしょう。ソリューションが、従来の業務プロセスと相容れないという場合には、業務プロセス自体を対象にして、さらにイノベーション創出の活動を継続する必要があるかもしれません。

Q&A 22

システム×デザイン思考のよさを周囲に理解してもらえません。上司からは「そんな遊びにつきあっている余裕はない」と言われてしまいました。どうすればよいでしょうか？

システム×デザイン思考は、知る、体感する、実践するというステップを踏みながら理解が深まることが多いので、いきなり全体を理解してもらうのは難しいかもしれません。まずは、自分でコントロールできる範囲で「小さな結果」を出すことから始めてみてはいかがでしょうか。たとえば、報告書の一部に改善を加えるなど、職場の上司や同僚にも目に見えて効果がわかるようにアピールして、システム×デザイン思考の価値を徐々に理解してもらうのが現実的かもしれません。あるいは、少人数でもよいので、ワークショップでシステム×デザイン思考の技法を試してみて、仲間を増やしていくというアプローチも有効でしょう。厳しい競争環境に置かれた企業であるほどイノベーションを必要としています。そのことは職場のみなさんもわかっているはずなので、いったん効果があることに気づいたら、システム×デザイン思考の価値を理解してくれるでしょう。もちろん、時間をかけて正攻法で上司やトップを説得するというアプローチも有効です。

Q&A 23

1人で考えていては、よいアイディアは生まれないのでしょうか？

1人で主観的に考えたり、論理的に考えることは、イノベーション創出において大いに意義があります。どんどんと思考を深めていってください。他方、ワークショップ形式でみんなで議論することは、参加者の多様性を活かし、集合知を創発させるという意味で有益です。1人で思考することと複数で思考することのそれぞれの特徴を理解したうえで、状況に応じて適切に組み合せて、すぐれたアイディアを生み出してください。

Q&A 24

私はアイディアマンではないのですが、大丈夫でしょうか？

大丈夫です。システムデザイン・マネジメント（SDM）は、発想のきっかけを意図的につくり、イノベーション創出を促進するための手法です。いわゆるアイディアマンと呼ばれる人物ではなく、アイディア創出に不慣れな普通の人たちでも、SDMの方法論にしたがってアイディアの発散・収束（アイディエーション）を繰り返すことにより、イノベーション創出につながるさまざまなインサイトを得ることができます。人にはそれぞれ得手不得手があります。発散的思考が得意な人もいれば、収束的思考が得意な人もいます。チームでイノベーション創出に取り組むときには、メンバーそれぞれの特徴をお互いに理解し、多様性をうまく活用しながらアイディエーションを実践してみてください。

Q&A 25

システム×デザイン思考は、組織改革や地域活性化にも活用できますか？

もちろん活用できます。システム×デザイン思考は、技術的なイノベーションから社会的なイノベーションまで、新しいもの、こと、組織、地域をデザインするさまざまな場面で有効で、すでに数多くの実績があります。システム×デザイン思考は、算数ドリルや定型化した事務処理のような「正解が決まっている問題」ではなく、問い自体があいまいで正解がない課題や、正解が複数存在する課題に挑戦するときに、とくに威力を発揮します。組織改革や地域活性化のように「問いがあいまいで正解がない課題」にこそ、システム×デザイン思考は適しています。

Q&A 26

明日からでも職場でシステム×デザイン思考を実践したいのですが、どの技法から始めればよいですか？

技法を使う順番はとくに決まっていませんが、ブ

レインストーミングやオブザベーションなど、基本的な技法からトライしてみることをお勧めします。たとえ最初のトライでよい結果が出なくても、うまくいかなかったポイントを改善しながら、チャレンジを続けてみてください。どの技法を使うにしても、重要なのは、「イノベーティブなことを考えてみよう」というモチベーションと、「これまでと異なる考え方やアプローチで何かを変えることはできないだろうか？」という問題意識を、参加者の間で共有することです。

Q&A 27

過去にワークショップ形式で問題解決に取り組んだことがありますが、あまりよい結果が出ませんでした。何が原因だったのでしょうか？

ワークショップがうまくいかない理由はいろいろありますが、もっともありがちなのは目的と手段のミスマッチです。ひとくちに「ワークショップ」と言っても、さまざまな種類が存在します。ワークショップを企画したり、外注する際には、ワークショップのスタイルや使用する手法の特徴が、自分たちが取り組みたいテーマと合っているかどうかを考慮する必要があります。本書では「イノベーション創出のためのワークショップ」を想定し、イノベーション創出のために効果的な考え方や技法について解説しています。読者のみなさんが置かれた状況や直面している課題に対して、どのような技法が適用できそうかというシーンを具体的にイメージしながら、ワークショップやグループワークを企画・実践してみてください。

Q&A 28

ワークショップにどれくらいの時間をかければよいでしょうか？

ワークショップは、イノベーションの創出を目指すアクティビティの1つにすぎないので、あまりワークショップという形式にこだわらず、時間をかけすぎないほうがいいでしょう。ゆくゆくは、ワークショップのなかで身につけたアイディアの発散・収束、多様な人たちによる集合知の創発などを、通常の業務やプロジェクトのなかで各人が自然におこなえるようになるのが理想的です。ワークショップは、個人やチームがイノベーティブな思考をいつでも実践できる状態へ向かっていくステップの1つなのです。

Q&A 29

ワークショップに慣れていないので、運営を外部の専門家に任せてもよいでしょうか？

特定の企業や組織のなかで、イノベーション創出に向けた取り組みとしてワークショップを継続的におこなうのであれば、社員など内部の人材だけを集めて議論を深めていくというアプローチも有

益です。しかし、内部にノウハウがなく、一から人材の教育・啓蒙をおこなうというのでは、時間やコストがかかりすぎるかもしれませんので、外部の専門家に依頼するのも有効でしょう。

Q&A 30

システム×デザイン思考を活用して成功している企業や事業の例はありますか?

本書Part2では、実際にシステム×デザイン思考を活用している企業や組織の事例をいくつか紹介していますが、これらはほんの一部です。新製品開発、新サービス開発、組織改革、地域活性化など、さまざまな分野で数多くの成功事例があり、日々増え続けています。

Q&A 31

システム×デザイン思考の技法をいくつか試してみましたが、このままでいいのか自信がありません。正しく実施できているかどうか、確認する方法はありますか?

慶應SDMでは、「デザインプロジェクト」という授業のほかに、一般向け公開講座Open KiDS（慶應イノベーティブデザインスクール公開ワークショップ）、企業・事業体向けの研修、企業・事業体との共同研究、イノベーション創出コンサルティングなど、さまざまな活動をおこなっています。システム×デザイン思考は、知識を習得することとともに、体験することが重要です。お気軽にお問い合わせください。

Q&A 32

本書の内容を職場で教えられるようになりたいのですが、どうすればいいでしょうか?

イノベーション創出を目的としたワークショップに参加することから始めるのがよいでしょう。慶應SDMではワークショップを企画・運営するための「イノベーティブワークショップデザイン論」という講義を開講していますので、ご相談ください。数多くのワークショップを経験するうちに、アイディアの発散・収束のコツ、各種の技法の活用方法などが身につき、自分が所属する組織や会社でのグループワークやワークショップのイメージが描けるようになります。知識として理解することに加えて、体感的に理解することがたいへん重要なのです。そして、自分の知識や体験を誰かに教えようとすることにより、さらに理解が深まっていきます。

Q&A 33

このQ&Aに載っていない質問があるのですが……

慶應SDMまで、お気軽にお問い合わせください。一緒に考えて、よりよい世界をつくりましょう。

出典と参考文献

Part1

[p26図版（下記文献を参考に作成）]
- L. Fleming, Perfecting Cross-Pollination: How You Craft Cross-Functional Teams Depends on Your Appetite for Risk- and Your Hunger for a Breakthrough, Harvard Business Review, pp. 22-24, 2004

[p27出典]
- W. A. Woolley, C. F. Chabris, A. Pentland, N. Hashimi and T. W. Malone, Evidence for a Collective Intelligence Factor in the Performance of Human Groups, Science, 29 October 2010, Vol.330, pp.686-688, 2010

[p36写真右上]
- 慶應SDM講師の坂倉杏介氏が開発した体験型のデザインメソッド「引き算」。見る、聞く、触る、匂う、味わうの五感のうちひとつをわざと引くことで、自己の感受性を豊かにし、自分と自然、自分と社会、自分と他者との関係性を問い直す力を高めるデザイン手法

Part2

[p42-43 ブレインストーミング]
- A. F. Osborn, Applied Imagination: Principles and Procedures of Creative Problem Solving (Third Revised Edition). New York, NY: Charles Scribner's Son, 1963
- C. Clark, Brainstorming, New York: Doubleday, 1958（邦訳：小林達夫訳『アイデア開発法：ブレインストーミングの原理と応用』（ダイヤモンド社、1961））
- Stanford d.School 'Rules for Brainstorming', d.school news, Stanford University d.School, Website, http://dschool.typepad.com/news/2009/10/rules-for-brainstorming.html, last accessed on November 24, 2011

[p44-45 親和図法]
- 川喜田二郎『KJ法：渾沌をして語らしめる』（中央公論社、1986）
- S. Takai and K. A. Ishii, Use of Subjective Clustering to Support Affinity Diagram Results in Customer Needs Analysis', Concurrent Engineering, Volume 18 Number 2, pp.101-109, 2010

[p46-47 シナリオグラフ]
- Sun Kim, K. Ishii and K. Beiter, Scenario Graph: Discovering New Business Opportunities and Failure Modes, Proceedings of ASME International Design Engineering Technical Conferences, DETC2007-34967, 2007
- Hiroyuki Yagita, Akira Tose, Madoka Nakajima, Sun K. Kim and Takashi Maeno, A Validation Regarding Effectiveness of Scenario Graph, Proc. ASME 2011 International Design Engineering Technical Conferences, DETC2011-48047,2011

[p50-51 構造シフト発想法]
- T. Yasui, S. Shirasaka and T. Maeno, Designing Public Policy by Structural Shift Ideation through the Case of Revitalizing Decaying Local Shopping Malls, Proceedings, The 7th Asia-Pacific Council on Systems Engineering Conference (APCOSE 2013), pp.92-111, 2013
- 今泉友之、白坂成功、保井俊之、前野隆司、親和図と2軸図を用いた構造シフト発想法の主観的評価、日本創造学会論文誌、Vol. 17, 2014

[p52-53 フィールドワーク]
- 箕浦康子（編著）『フィールドワークの技法と実際：マイクロ・エスノグラフィー入門』（ミネルヴァ書房、1999）
- 佐藤郁哉『フィールドワークの技法：問いを育てる、仮説をきたえる』（新曜社、2002）

[p55 バリューグラフ図版]
- 石井浩介・飯野謙次『価値づくり設計』（養賢堂、2008）より引用

[p56-57 イネーブラー・フレームワーク]
- Seiko Shirasaka, A Standard Approach to Find Out Multiple View Points to Describe an Architecture of Social Systems - Designing Better Payment Architecture to Solve Claim-Payment Failures of Japan's Insurance Companies -. Proceedings of INCOSE (International Council on Systems Engineering) International Symposium, 2009
- T. Yasui, A New Systems-Engineering Approach for a Socio-Critical System: A Case Study of Claims-Payment Failures of the Japan's Insurance Industry, Systems Engineering Journal, Vol. 14 No. 4, pp.349-363, 2011

[p58-59 因果関係ループ図]
- ピーター・M・センゲ『学習する組織―システム思考で未来を創造する』（英治出版、2011）
- Ockie J. H. Bosch, Nam C. Nguyen, Takashi Maeno and Toshiyuki Yasui, Managing Complex Issues through Evolutionary Learning Laboratories, Systems Research and Behavioral Science, Volume 30, Issue 2, pp.116-135, 2013

[p61 CVCA図版]
- 石井浩介・飯野謙次『価値づくり設計』（養賢堂、2008）より引用

[p62-63 WCA]
- Takashi Maeno, Yurie Makino, Seiko Shirasaka, Yasutoshi Makino and Sun K. Kim, Wants Chain Analysis: Human-Centered Method for Analyzing and Designing Social Systems, Proc. International Conference on Engineering Design, pp. 302-310, 2011
- 牧井由梨恵、白坂成功、牧野泰才、前野隆司、欲求連鎖分析（人々の欲求の多様性を考慮した社会システムの分析・設計手法）、日本機械学会論文集C編、Vol. 78, No. 785, pp. 214-227, 2012

[p64-65 ピュー・コンセプト・セレクション]
- S. Pugh, Concept Selection: a Method That Works, Proceedings of International Conference on Engineering Design, pp. 497-506, 1981
- S. Pugh, Total Design: Integrated Methods for Successful Product Engineering, Reading Massachusetts: Addison-Wesley Publication, 1991

[p66-67 プロトタイピング]
- M. Buchenau and J. Fulton-Suri, Experience Prototyping, Proceedings of the 3rd Conference on Designing Interactive Systems: Processes, Methods, and Techniques, 2000
- Stanford University d.school, Method: Prototype for Empathy (http://dschool.stanford.edu/wp-content/themes/dschool/method-cards/prototype-for-empathy.pdf) Last accessed on February 16, 2012

[p70-71 ストーリーテリング]
- J. S. Brown, S. Denning, K. Groh and L. Prusak, Strorytelling in Organizations: Why Storytelling Is Transforming 21st Century Organizations and Management, Oxford, UK: Butterwotrh-Heinemann, 2005（邦訳： ジョン・ブラウン他著、高橋正泰、高井俊次訳『ストーリーテリングが経営を変える: 組織変革の新しい道』（同文舘、2007））
- S. Field, Screenplay: The Foundations of Screenwriting, Surrey, UK: Delta, 2005（邦訳：シド・フィールド著．安藤紘平、加藤正人、小林美也子、山本俊亮訳『映画を書くためにあなたがしなくてはならないこと: シドフィールドの脚本術』（フィルムアート社、2009））
- F. Polletta, It Was Like a Fever: Storytelling in Protest and Politics, Chiacago: University of Chicago Press, 2006
- 芦刈いづみ・飯富崇生『時計じかけのハリウッド映画: 脚本に隠された黄金法則を探る』（角川SSC文庫、2008）

[p72-73 即興]
- M. Crossan, M. P. Cunha, D. Vera and J. Cunha, Time and Organizational Improvisation, The Academy of Management Review, Vol. 30, No. 1, pp.129-145, 2005
- Harvard Business School, HBS Elevator Pitch Builder Website (http://www.alumni.hbs.edu/careers/pitch) Last accessed on February 29, 2012
- J. Salas, Culture and Community: Playback Theater, The Drama Review: TDR, Vol.27. No.2, Grassroots Theater, pp.15-25, 1983
- D. Vera and M. Crossan, Improvisation and Innovative Performance in Teams, Organization Science, Vol.16, No.3, pp.203-204, 2005

Part3

[p111 石の猫（下記文献の記述などをもとに編集）]
- 宋文洲『やっぱり変だよ 日本の営業』（日経BP企画、2009）

[p116-117 ストーンスープの話（下記文献などの記述をもとに編集）]
- Jon. J. Muth, Stone Soup, Scholastic Press, 2003

その他参考文献

- ジェラルド・M・ワインバーグ『一般システム思考入門』（紀伊国屋書店、1979）
- ハーバート・A・サイモン『システムの科学』（パーソナルメディア、第3版、1999）
- ジョン・D・スターマン『システム思考——複雑な問題の解決技法』（東洋経済新報社、2009）
- トム・ケリー&ジョナサン・リットマン『発想する会社！世界最高のデザイン・ファームIDEOに学ぶイノベーションの技法』（早川書房、2002）
- ティム・ブラウン『デザイン思考が世界を変える——イノベーションを導く新しい考え方』（早川書房、2010）
- 奥出直人『デザイン思考の道具箱: イノベーションを生む会社のつくり方』（早川書房、2013）
- 東京大学i.school編『東大式 世界を変えるイノベーションのつくりかた』（早川書房、2010）
- 中野民夫『ファシリテーション革命: 参加型の場づくりの技法 』（岩波アクティブ新書69、2003）
- 前野隆司『思考脳力のつくり方——仕事と人生を革新する四つの思考法』（角川書店、2010）
- 前野隆司『幸せのメカニズム—実践・幸福学入門』（講談社現代新書、2013）
- 保井俊之『「日本」の売り方——協創力が市場を制す』（角川書店、2012）
- 高橋誠『新編創造力事典』（日科技連出版社、2002）
- 日経コンピュータ2012年12月6日号、PP33 特集 三菱重工業の社是をシステム×デザイン思考を用いて分析・再構築
- 保井俊之「ワークショップを駆使した課題解決へのシステムズ・アプローチ」(社) 全国信用金庫協会 機関誌『信用金庫』2013年4月号、pp.58-63、2013
- P. Holman, T. Devane and S. Cady (eds.), The Change Handbook: The Definitive Resource on Today's Best Methods for Engaging Whole Systems, Second Edition, San Francisco: Barrett-Kohler Publishers, 2009
- Stanford d.school (2010) 'bootcamp bootleg', Stanford University d.school Website, http://dschool.stanford.edu/wp-content/uploads/2011/03/BootcampBootleg2010v2SLIM.pdf, last accessed on April 10, 2013

あとがき──ともに未来を創るために

いかがでしたか。慶應SDM流のイノベーション創出プロセスを堪能いただけたでしょうか。

2008年に慶應SDMが発足して以来、目玉授業の1つとしておこなってきた修士課程必修科目「デザインプロジェクト」。並行して、企業での研修・共同研究、いろいろな大学との連携ワークショップ、一般向けワークショップOpen KiDS（慶應イノベーティブデザインスクール公開ワークショップ）など、各方面との連携活動もおこなってきました。これらの結果、起業、新規事業、地域活性化、組織改革、産官学金連携など、さまざまな実績をあげてきました。そんななか、各方面から「まとまった形の教科書が欲しい」という多くの声をいただきました。それらに応えて出版する運びとなったのが、本書です。

本書には、「デザインプロジェクト」などの活動のエッセンスが詰め込まれています。教員陣や研究員が分担し、まさに協創。それぞれの思いを濃縮しました。イノベーションに向けた、私たちの考え方（理念からノウハウまで）が随所に込められています。もっともお伝えしたいこと──私たちの基本コンセプトはすべて書かれています。編者・著者として、感慨深い本です。

しかし、残念ながら、本書を読んだだけでは知識が身につくだけで、イノベーションを起こすには至らないかもしれません。必要なのは、実践です。ぜひ、実践してみてください。何度も、繰り返し実践することによって、手法や方法論やマインドが身につきます。実践のしかたがわからないなど、ご不明の点がある場合には、ぜひ、公開講座（Open KiDSなど）にご参加いただいたり、共同研究していただいたり、ご入学いただいたり、ご質問いただくなど、私たちと協創していただければと思います。ぜひ、ご連絡ください。

最後にもう一度、私たちの思いを述べたいと思います。

「なんとか人が思いつかないようなことを思いついて利益を出せるようになりたい。」「伸び悩んでいる既存事業だけでは我が社はもたないから新規事業を創り出せるようになりたい。」「競争力を高め競合他社やライバルに打ち勝ちたい。」

こんな方もおられるでしょうが、システム×デザイ

ン思考は、そうしたニーズに応えるためだけのものではありません。原点は、もっと大きな志です。

　貧困問題、環境問題、災害や安全保障の問題、教育格差の問題、情報格差の問題、高齢化社会のあり方など、日本や世界の本質的な問題に対処し、平和で幸せな世界の実現に寄与したい。システムとして世界の問題を俯瞰し、イノベーティブに全体問題を解決したい。みんなで力を合わせ、ハチドリのように歩んでいきたい。

　ハチドリのように、というのは、南米の先住民に伝わる「ハチドリのひとしずく」という物語のような精神で、という意味です。山火事の際にハチドリが口に水をくわえて何度も運び、火を消そうとしていたという物語。一見、小さく無力なようでも、自分にできることをしていれば、それはやがて大きなムーブメントに発展し、世界を変える力になっていくのです。

　システム×デザイン思考は、単にイノベーティブなアイディアを思いつくための方法論やツール群ではありません。みんなで力を合わせ、よりよい世界を構築していくための方法なのです。ぜひ、ともに、世界を前向きに変えましょう。不条理な問題をポジティブに解決しましょう。怒りを未来への力に変えましょう。理想を描きましょう。夢を見ましょう。そして、妥協ではなく、創造的に、新しい未来をデザインしましょう。競争よりも協創。みんなで、みんなのための、よりよい世界を創りましょう。みんなでやれば、できます。やりましょう。行動あるのみ。手を取り合って、実践するのみ。本書が、そのための"ひとしずく"となっていたら、こんなにうれしいことはありません。

　本書を執筆するにあたり、お世話になったすべての方に感謝します。システム思考、デザイン思考、イノベーション教育、イノベーション対話、フューチャーセンター、ワールドカフェ、ダイアログ、新規事業の企画と実践、起業、地域活性化、システムズエンジニアリングなど、関連する活動、近い活動をされているすべての方々にエールを送るとともに、感謝します。どうもありがとうございました。それぞれの良さを活かしつつ、連携し、切磋琢磨して、ともに歩んでいきましょう。よりよい世界を築くために。これからもどうぞよろしくお願いいたします。

前野隆司

慶應義塾大学大学院
システムデザイン・マネジメント研究科教授

編著者・執筆者

[編著者]

前野隆司（まえの たかし）

慶應義塾大学大学院 システムデザイン・マネジメント研究科（以下、慶應SDM）委員長・教授。1984年東京工業大学工学部機械工学科卒業、1986年東京工業大学理工学研究科機械工学専攻修士課程修了、同年キヤノン株式会社入社、1993年博士（工学）学位取得（東京工業大学）、1995年慶應義塾大学理工学部専任講師、同助教授、同教授を経て2008年より慶應SDM教授。2011年4月より慶應SDM研究科委員長。この間、1990年−1992年カリフォルニア大学バークレー校Visiting Industrial Fellow、2001年ハーバード大学Visiting Professor。著書に『脳はなぜ「心」を作ったのか』（筑摩書房）、『幸せのメカニズム 実践・幸福学入門』（講談社）など。

[執筆者]

保井俊之（やすい としゆき）

慶應義塾大学大学院システムデザイン・マネジメント研究科特別招聘教授。1985年東京大学教養学科卒業後、旧大蔵省入省。中央大学客員教授、金融庁参事官などを経て、2008年より慶應で教鞭をとる。国際基督教大学博士（学術）。政策研究大学院大学客員教授を兼務。米国PMI協会認定Project Management Professional。著書に、『「日本」の売り方 協創力が市場を制す』（角川書店）、『体系 グローバル・コンプライアンス・リスクの現状』（きんざい、共著）など。日本コンペティティブインテリジェンス学会論文賞（2010・11年度）、日本創造学会論文誌論文賞（2012年度）。（本稿は無報酬での執筆で、意見にわたる部分は私見です）

白坂成功（しらさか せいこう）

慶應義塾大学大学院システムデザイン・マネジメント研究科准教授。東京大学大学院工学系研究科航空宇宙工学専攻修士課程修了後、三菱電機株式会社にて宇宙開発に従事。2010年博士（システムエンジニアリング学）学位取得（慶應義塾大学）。2004年度より慶應義塾大学にてシステムエンジニアリングの教鞭をとり、2011年度より現職。三菱電機では技術試験衛星VII型（ETS-VII）、宇宙ステーション補給機（HTV）等の開発に参加。著書に『システムズモデリング言語SysML』（東京電機大学出版局、共著）など。

富田欣和 (とみた よしかず)

慶應義塾大学大学院システムデザイン・マネジメント研究科特任講師。デザインプロジェクトや起業デザイン論、イノベーティブ・ワークショップ・デザイン論などを担当。2014年度より関西学院大学専門職大学院経営戦略研究科講師も兼務。技術、人、組織をシステムとして捉えて社会的価値創出を行うイノベーティブ・デザインLLC代表など数社の経営を行っている。実践・教育・研究の3領域での経験を活かし社会システムデザインやイノベーション・マネジメントの実践に取り組んでいる。同大学大学院SDM研究科修士課程修了（システムエンジニアリング学）。

石橋金徳 (いしばし かねのり)

慶應義塾大学大学院システムデザイン・マネジメント研究科特任助教。ミネソタ大学工学部在学中はカーネギーメロン大学でのNASAプロジェクトインターンシップなどを経験しHigh Distinctionにて卒業。卒業後は株式会社本田技術研究所にて量産二輪自動車エンジン開発、電気駆動パーソナルモビリティ技術の研究開発に従事。その後、東京大学工学系研究科航空宇宙工学専攻 中須賀研究室に学術支援専門職員として赴任。プロジェクトマネージャーとして50kg級超小型衛星システム開発を行い、東南アジアなど宇宙新興国各国との連携などにも従事。2013年度より現職。慶應義塾大学大学院修士課程修了（システムエンジニアリング学）。

岩田 徹 (いわた とおる)

慶應義塾大学大学院システムデザイン・マネジメント研究科研究員。株式会社アイディアポイント代表取締役。東京大学工学部精密機械工学科卒、同大学院工学系研究科修了。工学修士。A.T.カーニー株式会社、株式会社ローランド・ベルガーにてコンサルティング業務に従事。SAPジャパン株式会社にて、マーケティングを担当。その後、株式会社ファーストキャリア設立に参画。2011年に株式会社アイディアポイントを設立。著書に『論理的なのに、できない人の法則』（日本経済新聞出版社、共著）、『スッキリと「考える」技術』（ファーストプレス、共著）など。

八木田寛之 (やぎた ひろゆき)

慶應義塾大学大学院システムデザイン・マネジメント研究科非常勤講師。2000年旧東京都立航空工業高等専門学校機械工学科卒業、同年三菱重工業株式会社入社。都市ごみ焼却プラントの設計、その後火力発電プラントのサービスエンジニアに従事するとともに、事業戦略立案及び次世代新ビジネス創出プロジェクトを取りまとめる。2014年からは三菱日立パワーシステムズエンジニアリング株式会社に所属。米国PMI協会認定Project Management Professional。慶應義塾大学大学院SDM研究科修士課程修了（システムエンジニアリング学）。東京大学大学院工学系研究科技術経営戦略学専攻後期博士課程在学中。NPO国境なき技師団正会員。

システム×デザイン思考で世界を変える
慶應SDM「イノベーションのつくり方」

2014年3月17日　第1版第1刷発行
2014年4月21日　　　　第3刷発行

編著者｜前野隆司
　　　　（慶應義塾大学大学院
　　　　　システムデザイン・マネジメント研究科教授）

ブックデザイン｜TSTJ

イラスト｜マグマジャイアンツ

写真撮影｜大野利洋／大槻純一

編集協力｜加藤伸一

印刷・製本｜シナノ

発行者｜高畠知子

発行｜日経BP社

発売｜日経BPマーケティング
　　　〒108-8646　東京都港区白金1-17-3　NBFプラチナタワー
　　　電話 03-6811-8650（編集）
　　　　　03-6811-8200（営業）
　　　http://ec.nikkeibp.co.jp/

本書の無断複写・複製（コピー等）は著作権法上の例外を除き、禁じられています。購入者以外の第三者による電子データ化及び電子書籍化は、私的使用を含め一切認められておりません。

Printed in Japan
ISBN978-4-8222-4994-6
©2014 Graduate School of System Design and Management, Keio University